# Harry Wolf

FOR ALICE,

BUILDINGS ONLY ACHIEVE GREATNESS WHEN
THEY MANIFEST AN INNER TRUTH - WHETHER
ABOUT PLACE OR MATERIAL OR PURPOSE -
THEY RADIATE THIS.

FOR PEOPLE IT IS THE SAME, YOUR INNER
TRUTH IS YOU.

GO AND BE YOU.

HARRY
11.30.05

**Editorial Gustavo Gili, S. A.**

**08029 Barcelona**   Rosselló, 87-89. Tel. 322 81 61
**28006 Madrid**   Alcántara, 21. Tel. 401 17 02
**México, Naucalpan 53050**   Valle de Bravo, 21. Tel. 560 60 11
**Bogotá**   Calle 58, N.º 19-12. Tels. 217 69 39 y 235 61 25

# Harry Wolf

Introducciones/ *Introductions*
Kenneth Frampton/ Guy Nordenson

**GG**®

Catálogos de Arquitectura Contemporánea
*Current Architecture Catalogues*

A cargo de/*Editor of the series*
Xavier Güell

Traducción/*Translation:*
Santiago Castán

El texto, a excepción de las introducciones, es de Harry Wolf
*The text, with exception of the introductions, is by Harry Wolf*

© Editorial Gustavo Gili, S.A. Barcelona, 1993

*Printed in Spain*
ISBN: 84-252-1580-3
Depósito legal: B. 16.215-1993
Impresión: Grafos, S.A. Arte sobre papel

# Índice

# Contents

La arquitectura de Harry Wolf, por *Kenneth Frampton* 6
El espíritu de la medida, por *Guy Nordenson* 16

*Obras y proyectos*
1969      Casa Folger, Charlotte, Carolina del Norte    20
1970-1971 North Carolina National Bank (NCNB), Charlotte    22
1970-1971 Oficinas en Manhattan, Nueva York    24
1971-1972 NCNB, Sucursal Park Road, Charlotte    26
1975-1979 University of North Carolina. Edificios de aulas y oficinas, Charlotte    28
1976-1977 Bank of Oklahoma Motor Bank, Tulsa, Oklahoma    34
1976-1977 Centro de Salud Mental, Rock Hill, Carolina del Sur    38
1977-1982 Palacio de Justicia, Charlotte    44
1980-1981 Embajada de EE.UU., Abu Dhabi, Emiratos Árabes Unidos    50
1982      Concurso plaza cívica, Fort Lauderdale, Florida    54
1983-1988 NCNB, Oficinas centrales, Tampa, Florida    56
1987      Concurso puente Williamsburg, Nueva York    66
1988      Concurso aeropuerto de Kansai, Osaka, Japón    68
1989      Estudios de torres, Los Ángeles, California    74
1990-1992 Hôtel du Departement de la Haute Garonne, Toulouse    78
1990-1991 Torre de oficinas, Los Ángeles, California    84

Biografía    90
Cronología parcial de obras y proyectos    91
Nota bibliográfica/Agradecimientos    95
Colaboradores    96

*The architecture of Harry Wolf, by* Kenneth Frampton 6
*The Spirit of Measure, by* Guy Nordenson 16

Works and projects
*1969*      *Folger Residence, Charlotte, North Carolina*    20
*1970-1971* *North Carolina National Bank (NCNB), Charlotte*    22
*1970-1971* *Manhattan offices, New York City*    24
*1971-1972* *NCNB, Park Road Branch, Charlotte*    26
*1975-1979* *University of North Carolina.Office-Classroom and Administration Buildings, Charlotte*    28
*1976-1977* *Bank of Oklahoma Motor Bank, Tulsa, Oklahoma*    34
*1976-1977* *Mental Health Center, Rock Hill, South Carolina*    38
*1977-1982* *Hall of Justice, Charlotte*    44
*1980-1981* *American Embassy, Abu Dhabi, United Arab Emirates*    50
*1982*      *Civic Riverfront Plaza Competition, Fort Lauderdale, Florida*    54
*1983-1988* *NCNB, Florida Headquarters, Tampa, Florida*    56
*1987*      *Williamsburg Bridge Competition, New York City*    66
*1988*      *Kansai airport competition, Osaka, Japon*    68
*1989*      *Tower Studies, Los Angeles, California*    74
*1990-1992* *Hôtel du Departement de la Haute Garonne, Toulouse*    78
*1990-1991* *Office Tower, Los Angeles, California*    84

*Biography*    90
*Partial Chronology of works and projects*    91
*Bibliographical Note/Acknowledgments*    95
*Staff*    96

# La Arquitectura de Harry Wolf

Kenneth Frampton

# The Architecture of Harry Wolf

*Kenneth Frampton*

La afección sensual que Harry Wolf siente hacia los materiales y el paisaje, junto al uso de la geometría platónica y al gobierno sobre las proporciones confieren a su arquitectura una densidad fenomenológica siempre controlada por un orden métrico riguroso. Casi todas sus obras revelan afinidades miesianas; sin embargo, una vigorosa sensibilidad en lo que afecta a la topografía del terreno le permite sortear los escollos del Neomesianismo. La emisora de radio que en 1980 construyó en Charlotte (Carolina del Norte), y el conjunto fabril que dos años después hizo en la misma ciudad por encargo de Aplix Company, dan pie a afirmar que Wolf está más cerca del Suprematismo que de la faceta clasicorromántica que poseía la sensibilidad del propio Mies.

En el grupo de primeras creaciones minimalistas tenemos que incluir la Casa Folger (1969) y la ampliación de la Escuela de Arquitectura de Raleigh (Carolina del Norte, 1978), en las que hay atisbos de la influencia de Louis I. Kahn. Huelga decir que este parentesco le vincula con la tradición norteamericana, algo parecido a lo que se observa en la producción inicial de Frank Lloyd Wright. En dos proyectos recientes, una torre de oficinas en Los Ángeles y una sede para la administración francesa en Toulouse –ambos organizados según una trama listada, estilo Beaux Arts y semejante a las que tanto apreciara Wright– ponen de manifiesto los vínculos a que nos referíamos. Súmese a este espectro moderno de raíces norteamericanas el sello personal que Wolf impone en forma de un contextualismo despegado o, dicho de otra manera, su capacidad de «construir el lugar» a lo Mario Botta.

El enfoque que da a la transformación de un determinado contexto surge por vez primera en una sucursal bancaria, el NCNB Drive-In, Branch Bank (Charlotte, 1971), donde se produce la superposición de un volumen elemental, plano y triangular, a un terreno ligeramente inclinado de una esquina suburbana para que aparezca la paradoja de una «esquina abierta» cuya definición corre a cargo de la alineación del arbolado, como también de la acristalada hipotenusa de un vestíbulo de banco de planta triangular. La plaza/aparcamiento resultante conserva la cisura peatonal existente que atraviesa el terreno y consiente la creación de un espacio semipúblico retraído del tráfico. El carácter cívico de este espacio obedece a la relación visual que mantiene con el banco, en contraste con la opacidad de las demás fachadas.

Sea un edificio de oficinas, un equipamiento universitario o un palacio de justicia, el enfoque de Wolf es siempre el mismo: reestructurar el lugar creando recintos urbanos más que li-

*Harry Wolf's sensuous feeling for both material and landscape plus his use of Platonic geometry and proportional control, bestow on his architecture a phenomenological density that is always controlled by a strict metrical order. While Miesian affinities are evident in almost every one of his works, a strong feeling for topography has enabled him to avoid the pitfalls of Neo-Miesianism. Indeed one may claim that Wolf is closer to Suprematism rather than to the Romantic Classical side of Mies's sensibility, as is borne out by the radio station that he built in Charlotte, North Carolina in 1980 and by the factory complex that he realized for the Aplix Company in the same town, two years later.*

*By the side of these early minimalist pieces we have to set his Folger House of 1969 and his extension to the school of architecture in Raleigh, North Carolina, realized in 1978, both works pointing towards the influence of Louis I. Kahn. Needless to say this affinity would link him back to the American modern tradition as we find it in the early work of Frank Lloyd Wright. This connection is again evident in his recent projects for an office tower in Los Angeles and a government centre in Toulouse, France, both of which were planned on a Beaux Arts tartan grid similar to that favored by Wright. To this modernist American spectrum one must add Wolf's own particular brand of unsentimental contextualism; his capacity for «building the site» in the Mario Botta sense of the term.*

*Wolf's particular approach towards transforming a given context first appears in his NCNB Drive-In Bank Branch, built just outside Charlotte in 1971, where a simple flat triangular mass-form is superimposed on a gently sloping suburban corner lot in such a way as to create the paradoxical presence of an «open corner», defined in part by the tree-line and in part by the glazed hypotenuse of the triangular banking hall. The resulting plaza-cum-parking lot not only maintains an existing pedestrian short cut through the site, but also affords a semi-public space, isolated from traffic. The civic status of this space derives from the fact that it is always in full view of the bank, in strong contrast to the total opacity of the other facades.*

*Irrespective of whether it has been an office building, a university facility or a courthouse, Wolf's basic approach has always been the same, namely, to re-structure the site through creating urban precincts rather than by simply adding one more free-standing object. This approach has proved most effective where the situation calls for restructuring the existing fabric as in the Administration Building for the University of North Carolina at Charlotte in 1982 or the Mecklenburg County*

mitarse a colocar otro objeto exento más. Su efectividad ha quedado especialmente demostrada en aquellos casos en que es preciso reestructurar el tejido existente, como fueron el edificio de la Administración de la Universidad de Carolina del Norte (Charlotte, 1982) y el Palacio de Justicia del Condado de Mecklenburg, levantado también ese año en el centro de la misma ciudad. De ambos proyectos surgieron espacios cívicos; en el primero, mediante la inserción de un pórtico y en el segundo, con la de un patio. Contrastando con el campus de la UNCC, poco estimulante y en tonos marrón claro, Wolf dispone los edificios en torno a un pórtico que fija un nuevo eje/acceso en el sistema peatonal. El conjunto de entrada y la vecina sede de la administración del centro, proyectada asimismo por Wolf, utilizan idéntica sintaxis: muros cortina con sistema de aberturas horizontal combinadas con obra vista aparejada a junta continua cuyo carácter no resistente se manifiesta en que cada seis hiladas la junta toma el mismo grosor que el montante del muro cortina contiguo. Este detalle, que recuerda el tratamiento que Walter Gropius aplicó al edificio administrativo de la Werkbund (1914), colabora a mantener la sensación de continuidad hermética en todo el conjunto.

El Palacio de Justicia del Condado de Mecklenburg acertó a unificar el entorno inmediato por vías parecidas: mediante un volumen de tres plantas que no sólo estructura los espacios laterales, sino que reintegra también el aparcamiento y una pasarela que ya había. Uno de los aspectos más destacables de este edificio es la serena vitalidad generada por unos medios tectónicos elementales: el hormigón visto, los accesorios de madera y bronce y la fachada de caliza conchífera, nota ésta esencial en lo tocante al carácter de la fachada sudoeste que, aplacada de piedra natural, brinda al parque urbano colindante una fisonomía neoclásica. El contraste que marca la fachada noreste se debe al muro cortina horizontal y a una monumental farola con varios puntos de luz.

La ejemplaridad de esta obra radica, amén de en estas referencias cívicas, en el acabado que recibe la superficie circundante. Tal como podemos apreciar en el hormigón ocre rojizo del patio –mención al acabado que Wright empleó habitualmente en las casas Usonian–, el factor económico desempeña un papel principalísimo. El arquitecto logró transformar en un parterre espléndido, con ayuda de mástiles y de un césped surcado por pasos de curso diagonal, lo que de otro modo hubiera sido un aparcamiento vulgar.

En Charlotte hizo un edificio de dos plantas para oficinas (1977) y un restaurante (1980), situado éste en la planta supe-

Courthouse completed in downtown Charlotte in the same year. In both instances, a civic space has come into being, in the first case through the introduction of a galleria, and in the second through the provision of a forecourt. In contrast to the beige blandness of the existing UNCC campus, Wolf would center his buildings about a covered arcade that would posit a new axis/access within the pedestrian system. Both this gateway complex and the adjacent administration building, also designed by Wolf, would employ the same syntax; namely, horizontally fenestrated curtain walling combined with stackbonded brickwork, the non-load bearing status of which was made manifest by the thickening of every sixth joint so as to line up with transoms in the adjacent curtain wall. This feature, reminiscent of the glazing treatment adopted in Walter Gropius's Werkbund Administration building of 1914, helps to maintain a sense of hermetic continuity throughout the complex.

The Mecklenburg County Courthouse succeeded in unifying the surrounding context in a similar way, through a three-storey slab that not only structured the spaces on either side but also re-integrated an existing passerelle and parking garage. One of the most remarkable things about this building is its calm vitality that seems to stem from simple tectonic means, exposed concrete waffle slab construction combined with light timber furnishings, brass fittings and a shell limestone facade. This last is crucial to the character of the southwest elevation, where dressed stone presents a neo-classical face to the adjacent city park. The character of the contrasting northeast facade is provided by a horizontal curtain wall and by a single monumental lamp cluster.

Apart from such civic references these law courts are exemplary for the way in which the surrounding surface is finished. Once again economy is the prime mover as we may judge from the red ochre concrete of the forecourt, reminiscent of the concrete finish habitually employed by Wright in his Usonian houses. Elsewhere enlivened by flagpoles and a lawn, overlaid by diagonal walkways, the architect succeeded in transforming what would otherwise have been a banal parking lot into an ornamental parterre.

An equally sensuous surface treatment reappears in the two-storey office building that he realized in Charlotte in 1977 and in a restaurant interior built into the top of an existing office tower in 1980. Both interventions were enriched in different ways by subtle sectional inflections that would accord the works a compressed sense of spatial depth at different scales. In the

rior de una torre de oficinas existente, en los cuales reaparece el tratamiento sensual de las superficies. Aunque de manera diversa, estas dos intervenciones se enriquecen con leves inflexiones en las secciones que proporcionan, a diferente escala, una densa sensación de profundidad a los espacios. En el primer caso, la inflexión se manifiesta como un muro exterior capaz de ahorrar energía, cuya epidermis está dividida en franjas de 45,72 y 22,86 centímetros (18" y 9") de vidrio y alumino, respectivamente. Volando por delante de la estructura, el conjunto de esta gruesa fachada está dividido en cinco bandas alternadas de vidrio captador de calor y de vidrio normal. El primero permite la entrada de los rayos solares en la cámara aislante que envuelve al edificio y el segundo proporciona acristalamiento a los espacios de oficinas. Este complicado «bocadillo» actúa como una bomba de calor con el aire frío climatizado que se recupera del interior del edificio para bombearlo después hasta la parte cálida del mismo, mientras que el aire caliente que el frío ha sustituido se expulsa al exterior por la cubierta. En el segundo caso, el desarrollo en sección responde al cambio de nivel, descendente hacia la fachada, que brinda magníficas vistas panorámicas desde cualquier lugar que se ocupe en el restaurante.

En los encargos que recibió para realizar las sedes diplomáticas en Abu Dhabi y Qatar, la arquitectura de Wolf cobró un carácter más semántico. Los requisitos de representatividad del Departamento de Estado norteamericano le llevaron a reflejar el papel de potencia imperial asociada a la tradición del país. Wolf se percató mucho más que cualquiera de los arquitectos occidentales que entonces trabajaban en aquellos parajes, de que no se podía imitar la arquitectura vernácula y prefirió dar una respuesta medida a las condiciones climáticas y a la naturaleza del paisaje jugando con la luz y el calor del desierto y con el verdor del oasis. Wolf trasladó esta contraposición táctil a su inquietud por la geometría platónica y al creciente interés que sentía por la arquitectura islámica y por el misticismo numerológico de Oriente Medio. Todos estos ingredientes son visibles en el proyecto de la Embajada de EE.UU. en Abu Dhabi, resuelto con cuatro cubos de 14,40 m colocados encima de un podio. Estos elementos tan abstractos deparan un extraño «espejismo» hasta que se entra en conocimiento del sistema de aberturas ajedrezado que los cubre. Según el proyecto originario, este mosaico presentaba tonos de arcilla rosa y de vidrio de igual color, aplicándose en toda la superficie de los cubos, fuera exterior o interior, sin importar el cambio de la retícula exterior de 4 a la interior de 8 m.

first instance this would take the form of an energy-saving solar wall, the resultant skin being alternatively banded by 18" and 9" strips of glass and aluminum respectively. Cantilevered outside the structure, this composite thick facade was divided into five sections that were alternately faced in heat absorbing and normal glass; the former allowing solar rays to penetrate the air space enclosing the building, the latter providing fenestration for the offices. This complex «sandwich» functioned like a heat pump with reclaimed, air-conditioned cool air from the building's interior being pumped into the hot side of the building, while the hot air it replaced was exhausted through the roof. In the second instance, the sectional development depended upon stepping the floor of the restaurant down towards the window-wall, thereby assuring every seat an equally panoramic view.

In the various commissions that he received for diplomatic facilities in Abu Dhabi and Qatar, Wolf's architecture took on a more semantic character. The representational requirements of the U.S. State Department caused him to reflect on the role of imperial power in relation to native tradition and this experience would have a lasting impact on his work. Thus to a greater extent than most occidental architects working in the region at the time, Wolf realized that one could not just simulate the local vernacular. Instead he opted for a measured response to the nature of the climate and the character of the landscape; playing between the light and heat of the desert and the green of the oasis. To this tactile opposition Wolf brought his concern for Platonic geometry and his growing interest in Islamic architecture and Middle Eastern number mysticism. All these ingredients are evident in the U.S. Embassy that he projected for Abu Dhabi where the institution would comprise four 14.4 meter cubes, mounted on a podium. These extremely abstract elements appear as an alien «mirage» until one takes cognizance of the chequer-board fenestration that covers each cube. According to the original design, this mosaic, comprising two tones of pink sandstone and pink tinted glass, would have been applied to the entire surface of the cubes both inside and out, notwithstanding the shift in scale as one moved from the .4 m grid of the exterior to the .8 m grid of the interior.

The afore mentioned affinity for Kahn first comes fully to the fore in the ambassadorial residence and staff housing projected for Doha where a walled-in embassy compound is subdivided into a complex hierarchy of semi-public forecourts and private gardens. While the staff housing is relieved in this instance by small shuttered openings, the more abstract ambas-

Donde primero se pone de relieve la ya citada afinidad con Kahn es en la residencia del embajador y en las viviendas para el personal del proyecto para Doha (Qatar), pues se trata de un conjunto subdividido en patios semipúblicos y en jardines privados sujetos a una jerarquización. Las viviendas cuentan aquí con el alivio de las aberturas protegidas con persianas, mientras que la residencia, más abstracta, pregona su status honorífico a través de una gran altura de techos y de las formas contrapuntísticas del esquema básico, para culminar, por último, en el jardín y el estanque que dominan el golfo Pérsico, un mirador que recuerda el Fuerte Rojo de Agra.

A estas obras, que no se llevarían a cabo, siguió el primer proyecto «oriental» que Wolf concibió para su país, con el que participó en el concurso celebrado en 1982 para la Fort Lauderdale Riverfront Plaza, un diseño con profundo influjo del observatorio astronómico de Jaipur del que Wolf dice:

*El culto al sol y la medida del tiempo en función de su luz se remontan a los albores conocidos de la historia humana. Tratándose de Fort Lauderdale es interesante destacar que siguiendo un paralelo de 26° de latitud encontraríamos Fort Lauderdale en compañía de la Antigua Tebas, trono del dios solar Ra. Más hacia el Este daríamos con Jaipur (India), lugar en que se construyó, ciento diez años antes de que se fundara Fort Lauderdale, el que hasta el momento es el mayor reloj de sol equinoccial del mundo.*

*Conscientes de tan excepcionales antecedentes históricos, buscamos un símbolo que hablara del pasado, presente y futuro de Fort Lauderdale... A fin de recoger el sol en un símbolo, en la Plaza se cincela un enorme reloj de sol cuyo gnomon divide el lugar según el eje Norte-Sur. La doble hoja del gnomon se eleva desde el sur con un ángulo de 26° 5', paralelo a la latitud de Fort Lauderdale.*

*En esa grandiosa doble hoja quedan registradas las fechas más significativas de la historia de Fort Lauderdale. Gracias a cálculos rigurosísimos, los ángulos del sol coinciden con ojos abiertos en ambas hojas para que la luz, al pasar a través de las mismas, proyecte brillantes círculos luminosos en el que de otro modo sería el lateral en sombras del reloj del sol. Estos rayos iluminan un jalón histórico que hace las veces de recordatorio anual...*

En esta ocasión Wolf intenta aumentar el conocimiento del usuario no sólo en lo que atañe a la importancia a escala mundial del lugar y a la historia singular de la ciudad, sino también

*sadorial residence announces its honorific status through high ceilings and the contrapuntal formality of its parti, culminating in a garden and pool facing out over the Persian Gulf –a belvedere feature reminiscent of the Red Fort in Agra.*

*All of this unrealized work is followed by Wolf's first «orientalized» American project, namely his entry for the Fort Lauderdale Riverfront Plaza Competition of 1982; a design which was strongly influenced by the astronomical observatory at Jaipur. Of this Wolf wrote:*

The worship of the sun and the measurement of time from its light reach back to the earliest recorded history of man. It is interesting to note in the case of Fort Lauderdale that if one were to follow a 26 degree latitudinal line around the globe, one would find Fort Lauderdale in the company of Ancient Thebes - the throne of the sun god, Ra. Further to the East, one would find Jaipur, India, where heretofore, the largest equinoctial sundial in the world was built 110 years prior to the founding of Fort Lauderdale.

Mindful of these magnificent historical precedents, we sought a symbol that would speak of the past, present and future of Fort Lauderdale... To capture the sun in a symbol, a great sundial is incised on the Plaza site and the gnomon of the sundial bisects the site on its north-south axis. The gnomon of the double blade rises from the south at 26 degrees 5 minutes, parallel to Fort Lauderdale's latitude...

Each of (the) significant dates in Fort Lauderdale's history is recorded in the great blade of the sundial. With careful calculation the sun angles are perfectly aligned with penetrations through the two blades to cast brillant circles of light landing on the otherwise shadowy side of the sundial. These shafts of light illuminate an appropriate historical marker serving as annual reminders...

*Here Wolf attempts to enlarge the consciousness of the user not only with regard to the world significance of the site and the particular history of the city but also with respect to the different climatic regions of the state. This accounts for the paved eastern half of the park, with its semi-circular ornamental pool, and the planted western half. Where the former is a metaphor for the Florida coastline, the latter alludes to the green interior of the Everglades.*

*A similar preoccupation with landscape and number mysticism informs Wolf's North Carolina National Bank (NCNB) Headquarters completed in Tampa, Florida in 1989.*

respeto a las diversas zonas climáticas del estado. Esto explica que la mitad oriental del parque, con un estanque ornamental semicircular, esté pavimentada y la mitad occidental esté ajardinada. Mientras aquélla es una metáfora de la costa de Florida, ésta alude al verdor de los Everglades.

Una preocupación similar por el paisaje y por la mística de los números la encontramos en la Sede del North Carolina National Bank (NCNB), que Wolf dio por concluida en 1989 en Tampa (Florida). Como hito que indica el puente del Kennedy Boulevard sobre el Hillsborough River por medio de la sabia disposición de una torre cilíndrica de treinta y tres plantas de oficinas, toda ella aplacada con piedra natural, cuya forma tiene su contrapunto en un parque triangular a orillas del río, este conjunto implica una visión urbanística cuya grandeza elemental no ha sido superada por ninguna de las obras que comprende la más reciente producción arquitectónica del país. Tal como sucedía en el proyecto de Fort Lauderdale, el sistema general de proporciones proviene en parte del terreno, ya que en él se produce el encuentro de la trama urbana con el río conforme a un ángulo aproximadamente igual al de la diagonal de un rectángulo de 2 × 5 de lado. La torre se dimensionó de acuerdo a este patrón numérico. En un principio constaba de cinco tramos, cada uno de cinco plantas de 3,96 m (13 pies) de altura libre interior, y como el radio de la torre era de 23,77 m (78 pies = 6 × 13) se establecía la proporción 2/5. Los vestíbulos del banco, con sus 23,77 m de anchura, tenían que respetar la norma, al igual que la trama que dibujaban las franjas del parque y la superficie de éste dividida en cuadrados de 23,77 m de lado, cruzada, a su vez, por trece pasos peatonales. Aunque de modo distinto, el juego numérico interviene también con fuerza en la planta del edificio. En efecto, la sección de los sesenta pilares cilíndricos de su perímetro deriva del menor número de partes en que puede dividirse una circunferencia al inscribirle sucesivamente un triángulo equilátero, un cuadrado, un pentagrama y un hexagrama. La correspondencia de este número con una medición temporal confiere a la torre un aura cosmológica. El patrón numérico establecido por las medidas de 23,77 y 3,96 m estructura el ajardinamiento e imparte a todo el conjunto un cierto ritmo, del que no quedan excluidas los canales de agua ni las fuentes, en cuyas superficies éste también se manifiesta. Cuando en medio de este jardín tropical –diseñado en colaboración con el eminente arquitecto paisajista Dan Kiley– se mira hacia la torre y hacia arriba, se experimenta la magia de un lugar moderno y arcaico a la vez, de una *res publica* inconclusa colocada en un centro urbano semidesértico.

*Land-marking the Kennedy Boulevard bridge crossing over the Hillsborough River through the judicious placement of a thirty-three-storey cylindrical office tower faced in stone, and thereafter counterpointing its form with a triangular riverfront park, Wolf's Tampa complex is unsurpassed in recent American practice for the simple grandeur of its urbanistic vision. As in Fort Lauderdale, the overall proportional system was partially derived from the site, for as it happens the incidence between the downtown grid and the river at this point approximates to the diagonal of a 2 × 5 rectangle. The tower was dimensioned in accordance with this number pattern, since it initially comprised five segments, each having six floors with an overall floor to floor height of 13 feet. By assuming a tower radius of 78 feet (i.e. 6 × 13) a tower proportion of 2 to 5 was produced. The nominal 78 feet wide cubic banking halls also had to follow this rule as did the tartan grid of the park with its surface subdivided into squares measuring 78 feet on their sides, interspersed with 13 pathways. An equally potent but different number play will inform the plan of the tower itself, for its sixty cylindrical perimeter columns are derived from the smallest number of parts into which a circumference may be divided by the successive inscription of an equilateral triangle, a square, a pentagram and a hexagram. The correspondence of this number to temporal measure bestows upon the tower a certain cosmological aura. The 78 versus 13 foot number pattern structures the planting and imparts a certain rhythm to the overall landscaping of the site including the water channels and pocket fountains in which its surface abounds. Standing in the midst of this tropical garden, designed with the eminent landscape architect Dan Kiley and looking up at the tower and out to the river, one is struck by the magic of a place that is at once modern and archaic; an unconsummated res publica set in the midst of a quasi-deserted American downtown in such a way as to seem as if it has always existed.*

*Four works projected in 1986 before Wolf moved to Los Angeles testify to his range as a designer; a block of infill terrace houses for Philadelphia, competition entry for re-landscaping the Minnesota State Capitol, a chair prototype in stainless steel and saddle leather, and last but not least a competition design with Ove Arup for a new Williamsburg crossing in Manhattan. Wolf's move to the West Coast, his brief association there with Ellerbe Becket and the subsequent re-establishment of his independent practice in Los Angeles in 1990 led to a series of large scale projects, designed with the engineer Guy Nordenson of Ove Arup & Partners, New York.*

Antes de trasladarse a Los Ángeles, Wolf hizo cuatro proyectos en 1986 que dan su talla de diseñador: un conjunto de casas entre medianeras en Filadelfia, el proyecto para el concurso de remodelación del ajardinamiento del Minnesotta State Capitol, un prototipo de silla de acero inoxidable y cuero y, por último, pero no menos importante, el proyecto, igualmente de concurso, de un nuevo puente Williamsburg en Manhattan, elaborado junto con Ove Arup. La marcha de Wolf a la Costa Oeste, la breve asociación allí con Ellerbe Becket y su posterior independencia profesional con residencia en Los Ángeles, en 1990, cuajaron en una serie de grandes proyectos realizados con el ingeniero Guy Nordenson, miembro del Ove Arup & Partners de Nueva York. Estando todavía asociado con Ellerbe ya colaboró con Nordenson en el concurso celebrado en 1988 del Aeropuerto Internacional de Kansai. Más adelante recibió el encargo de una serie de estudios de viabilidad de edificios en altura, a construir en los alrededores de Los Ángeles, que culminaría con un proyecto de torre/bloque en South Flower Street. En todos estos proyectos destaca el esfuerzo continuo del arquitecto por abarcar el máximo contexto, sea cual fuere la escala. Valga de ejemplo el ampuloso gesto que hizo en el proyecto del aeropuerto, desbordando los límites del programa, al proponer un collar de 6000 m de diámetro, formado por luces colgantes que sería una señal permanente visible desde el aire.

Este proyecto, concluido con un elevado grado de detalle, se subordina a numerosas imágenes igualmente intensas, desde la terminal que Wolf quería de hormigón de color azul violáceo semejante al del mar, hasta la celosía de aluminio formada por paraboloides hiperbólicos que cubriría tanto los aviones como los espacios de usuarios, pensada de modo que el material tuviera el tono del peltre de la cerámica tradicional japonesa. Con voluntad de trascender a la trivialización universal de los viajes en avión, estas cubiertas pretendían cubrir los aparatos como si de locomotoras en una estación se tratara.

El rumbo subyacente que señala la visión de Wolf apunta a transformar lo instrumental sin caer en un formalismo arbitrario. Así lo podemos apreciar en el desarrollo del proyecto de edificio en altura en South Flower Street, en el que el tipo de torre para oficinas de mitad de siglo perfeccionado por SOM se formula de nuevo, produciendo un híbrido que podría situarse en algún punto entre la casa Lever (1952), de Gordon Bunshaft y la Torre Hancock (1970), de Faslur Kahn; una síntesis, por así decirlo, del muro cortina reticular de uno y de la estructura antisísmica tremendamente arriostrada del otro. El arriostramiento

*While Wolf was still with Ellerbe, he collaborated with Nordenson on an entry for the 1988 Kansai International Airport competition. Thereafter he was commissioned with a series of feasibility studies for high-rise buildings in and around Los Angeles, culminating in a slab/tower proposal for South Flower Street. What is remarkable about these works is the architect's continual attempt to engage the larger context, irrespective of the scale. Typical of this is his flamboyant gesture in the Kansai competition which went well beyond the scope of the brief by proposing a 6,000 meter diameter necklace of floating lights, permanently anchored so as to establish a marker from the air.*

*In its detailed development this elaborate design depended on a number of equally intense images, from a concrete terminal that Wolf wished to execute in violet-blue concrete recalling the color of the sea, to the aluminum lattice work of a series of hyperbolic-paraboloids, spanning over both the planes and the passenger concourse; a material that was intended to recall the pewter hue of traditional Japanese tiling.*

*Bent on transcending the universal banalization of air travel, these roofs were intended to cover the standing aircraft as though they were locomotives standing in a terminus.*

*To transform the instrumental without lapsing into arbitrary formalism, this has been the underlying drive of Wolf's vision to date as we may judge from the detailed development of the South Flower Street high rise, in which the mid-century office tower type as perfected by SOM is reformulated into a hybrid suspended somewhere between Gordon Bunshaft's Lever House (1952), and Faslur Kahn's Hancock Tower (1970), a synthesis, so to speak, of the plaited curtain wall of the one with the heavily braced anti-seismic structure of the other. In the South Flower Street proposal the diagonal anti-seismic bracing is played off against horizontal fenestration and a subtly layered vertebrae pattern of translucent and transparent glass. The unique frontality of this tower, recalling Mies's Seagram parti, stems in the first instance from the fact that the building is an urban portal with pedestrians passing beneath the tower in much the same way as they pass through Warren & Wetmore's Grand Central Station Gateway in New York. In the second instance and again like the Seagram Building the tower has a bustle which steps out towards the base in a decisive way, deepening the floor plate at the 34th and 13th floors, while the Flower Street frontage remains a sheer face from top to bottom.*

*In Wolf's 1992 project for the Hotel du Departement de la*

antisísmico dispuesto en diagonal en ese proyecto se opone al sistema de aberturas horizontal y a la pauta vertebral, levemente estratificada, que configura el acristalamiento transparente y translúcido. La única frontalidad de esta torre, que evoca el esquema básico del edificio Seagram de Mies, se debe, en primer término, al hecho de que el edificio es una portada urbana bajo la cual circulan los peatones como lo hacen en la entrada de la Grand Central Station, de Warren & Wetmore, de Nueva York. Y en segundo término, otra vez igual que en el edificio Seagram, la torre presenta un polisón o ensanchamiento que desciende con decisión hacia la base y da mayor superficie a las plantas trigesimocuarta y decimotercera, mientras que, por el contrario, la fachada a Flower Street es lisa de arriba a abajo.

En el proyecto del Hôtel du Département de la Haute Garonne, realizado en 1992 para construir en Toulouse, el orientalismo latente de su más reciente arquitectura cae arrastrado por la expresividad aerodinámica de una modernidad anterior, tal como encontraríamos también, por ejemplo, en los grandes almacenes Schocken de Eric Mendelsohn, en Chemnitz (1928), o en el pabellón De La Warr, levantado en 1935 en Bexhill, Inglaterra. De intención tan urbana como el proyecto de South Flower Street –véase la prolongación wrightiana de la trama del edificio hasta comprender el pavimento de las calles vecinas–, el principal empeño de Wolf en el proyecto de Toulouse fue vertebrar un programa oficial complicado, de tal modo que no sólo el personal y los miembros de la Administración identificaran fácilmente todos los departamentos, sino que así lo hiciera también el público en general. La organización y articulación geométricas del conjunto se descomponen en una serie de subsectores específicos: primero, el anillo central elevado que alberga a ejecutivos y funcionarios electos y que simboliza la extensión colectiva del Gobierno, y, segundo, dos alas perimetrales, de las que una es un volumen de ocho plantas destinadas a oficinas de la Administración, articuladas, a su vez, por el lado norte con una serie de departamentos. La otra ala, situada al este de la circunferencia central, alberga los organismos públicos y los servicios sociales. También ésta se descompone en una serie de pabellones que se extienden hasta el límite del terreno en forma de una suerte de relleno urbano. Tal como explica la memoria descriptiva del proyecto, estos pabellones «tienen libertad de variar de altura, según lo exija el programa y los requisitos urbanísticos. Los hay de tres plantas y los hay de cuatro plantas, algunos ofrecen amplias plantas bajas y alguno no tiene». El hecho de que los pabellones se

*Haute Garonne in Toulouse, the latent orientalism of his recent architecture becomes absorbed into the streamlined expressivity of an earlier modernity, such as one finds, say, in Eric Mendelsohn's Schocken department store, Chemnitz, of 1928 or in his De La Warr pavilion built at Bexhill in England in 1935. As urban in intent as Wolf's South Flower Street project –see the Wrightian extension of the building's grid into the paving of the surrounding streets– Wolf's prime effort at Toulouse was to render a complex governmental program in such a way as to enable all its departments to be easily identified not only by governmental workers and by the elected representatives but more importantly by the general public. The geometrical organization and articulation of the overall complex thus breaks down into a series of specific subsets; first the central elevated ring housing the executive and elected officials and symbolizing the global reach of government and second, two peripheral wings, of which one is an eight-storey administrative slab that is further articulated on its southern face into a series of departments. The second wing situated to the east of the central circle is given over to public agencies and social services. This last again breaks up into a series of pavilions that extend to the boundary of the site, as a form of urban infill. As the project description puts it these pavilions «are free to vary in height, in response to program and urban issues. Some are of three floors and some are four, some have extensive lower levels and some have none». Since these pavilions reach out to embrace outriding gardens on the perimeter of the site, the architect was able to allude to the tradition of the garden of the 18th century French hôtel particulier.*

*To the extent that Wolf's work is always accounted for in dimensional terms, down to the last glazing bar, we may rightly think of him as a modern classicist akin to but different from such figures as Mies van der Rohe and Kahn. At the same time, his work displays an inexplicable affinity for the modern strain to be found in Nordic Classicism, that is to say, for buildings such as Gunnar Asplund's Gothenburg Law Courts of 1937 or Arne Jacobsen's National Bank of Denmark, built in Copenhagen in 1971. This affinity reveals itself through two tell-tale characteristics; first through the way in which the building is inflected in respect of its surroundings, and second through the way this modulation is enriched by topographic devices of one kind or another, be they earthworks or waterworks, planting or lawn, pavings or reflecting pools. Wolf's description of Toulouse gives a clear indication of his habitual method.*

desplieguen abrazando los jardines que recorren el perímetro del terreno da pie al arquitecto para aludir al jardín del *hôtel particulier* de la Francia dieciochesca.

En la medida en que siempre se ha explicado la obra de Wolf en términos dimensionales –hasta el extremo de los detalles de carpintería– podríamos calificarla, y con razón, como un clasicista moderno próximo, pero distinto, a figuras como Mies van der Rohe y Kahn. Al mismo tiempo, su obra muestra una afinidad inexplicable con el moderno linaje del clasicismo nórdico, es decir, con edificios como el Palacio de Justicia (Gotemburgo, 1937), de Gunnar Asplund, o el Banco Nacional Danés (Copenhague, 1971), de Arne Jacobsen. Esa afinidad sale por sí misma a la luz en dos características reveladoras: en primer lugar, en la manera cómo el edificio experimenta una inflexión por efecto del contexto y, en segundo lugar, en cómo tal modulación se enriquece con artificios topográficos de cualquier género, sean movimientos de tierra o de agua, vegetación o césped, pavimentos o estanques reflectantes. La descripción que hace del proyecto de Toulouse facilita claros datos sobre la metodología que usa habitualmente.

*El propósito es aquí extender la geometría del proyecto a la totalidad del terreno, pues es evidente que esta manzana urbana es en conjunto un recinto singular. La trama de 7,20 m y el submúltiplo de 0,9 constituyen los hilos del tapiz, de un tejido de césped, piedra, arbolado y setos.*

*En los sitios en que la circulación peatonal es mayor existe más superficie pavimentada y a la inversa, cuando aquélla es menor el semblante del suelo vira hacia un predominio del césped y el pavimento es únicamente algo residual.*

*A lo largo del boulevard de la Marquette hay una hilera doble de plátanos que remarca el borde de la calle y del canal y, junto a esto, una atenta selección de árboles y una prudente labor de poda pueden establecer una referencia horizontal de la vegetación de poca altura respecto al plinto.*

*Entre estos árboles y marchando paralelo al boulevard de la Marquette discurre un canal en miniatura, un canal de agua elevado que desciende por el terreno 0,45 m cada 14,40 m, produciendo el sonido agradable del líquido al salpicar, así como aliviando gratamente el del tráfico.*

Situado con acierto en un antiguo solar industrial con linde a un canal y flanqueado por un boulevard ribereño, el centro oficial que Wolf concibe para Toulouse se vale con gran ingenio de una combinación de movimientos de tierra y de agua que se

The intention here is to extend the geometry of the project across the entire site so that it is evident that this total block of the city is a special precinct. The 7.2 meter grid with its .9 subdivisions becomes the strands of this tapestry, an interweaving of grass, stone, trees and hedges.

Where pedestrian movement is greatest, there is more paving and conversely, where it is less directed, the figure ground shifts to a predominance of grass with the paving only a residue.

Along Boulevard de la Marquette is a double row of London Plane Trees which reinforces the edge of the roadway and canal, and with a thoughtful selection of the trees and judicious pruning, a horizontal datum can be established for the understorey, relating to the plinth.

Between these trees running parallel to Boulevard de la Marquette is the canal in miniature; a raised channel of water which steps down the site dropping .45 meters every 14.4 meters in run, creating a pleasant noise of the spill of water and a welcome relief from the traffic.

*Deftly situated on an old industrial site facing a canal and lined by an embankment boulevard, Wolf's government center for Toulouse makes an extremely ingenious use of a combined earthwork/waterwork, particularly in respect of the central building which is planted on top of a two–storey subterranean 1,000 car garage, square in plan and encompassing within its geometry the elevated circular ring above. Since the site slopes continuously from east to west, this half-buried podium takes on the character of a flat rampart, effectively distinguishing the center of the complex from the Boulevard de la Marquette on the northern boundary of the site. This «moat» is both reinforced and mediated by a monumental flight of steps in the north-western quadrant, enabling pedestrians to gain access to the top of the podium and to enter into the centre of the* cour d'honneur *under the executive wing. In opposition, the north-east quadrant situated on the other side of the north/south axis is reserved for the main approach to the assembly chamber and in this instance the structure is set off from the boulevard by a sizable expanse of water in the form of a reflecting pool. Another central semicircle of ornamental water also runs parallel to the north/south axis and in this instance it is bisected by a car-ramp giving access into the subterranean garage.*

*When one looks back over the twenty-six years of Wolf's practice one cannot but be struck by the way in which his architecture has matured, as he has passed from rather*

hace especialmente patente en el edificio central, dispuesto encima de un aparcamiento subterráneo de dos plantas cuadradas, capaz para mil vehículos, que encierra en su forma el anillo que se eleva sobre el mismo. Como el terreno tiene una pendiente continua de Este a Oeste, el podio semienterrado toma el carácter de una fortificación plana que diferencia sin discusión el centro del conjunto del boulevard de la Marquette, que enfila el límite norte del terreno. Este «foso» cuenta con el poderío y la mediación del tramo de escalera que hay en el cuadrante noroccidental, para allí facilitar acceso peatonal a la parte superior del podio y al centro de la *cour d'honneur* existente bajo el ala «ejecutiva». En cambio, el cuadrante nororiental, en el extremo opuesto del eje Norte/Sur, se reserva para el acceso principal a la sala de sesiones, aunque aquí la construcción se distancia del boulevard a causa de la considerable masa de agua que llena el estanque. Paralelo también al eje Norte/Sur, y en posición central, hay una superficie de agua de planta semicircular y de carácter ornamental. Sin embargo, en esta ocasión corta a este elemento la rampa que da paso a los vehículos que se dirigen al aparcamiento subterráneo.

Echando la mirada atrás y observando los veintiséis años de ejercicio profesional desplegados por Wolf, uno no puede por menos que sorprenderse de cuánto ha madurado su arquitectura en el paso de unas obras esquemáticas, aunque elegantes, como el NCNB Park Road Bank (Charlotte, 1972), o el Oklahoma Motor Bank (Tulsa, 1976), a otras obras civiles, complejas y estratificadas que estarían representadas por la remodelación paisajista del Minnesota State Capitol, propuesta ampliamente orquestada o, más cercano en el tiempo, por el proyecto del Hôtel du Département de la Haute Garonne de Toulouse. Conforme ha crecido en edad su obra ha ganado hondura, se ha ido acercando cada vez más a Kahn sin convertirse en kahniano.

Acaso quepa decir, en un postrer análisis, que la cualidad más singular de su expresividad estriba en la sublime actitud que toma respecto a la luz, más allá de la afección que sentía Kahn por una *lumière autre* descendente, con la voluntad de establecer una luz muy inmaterial que hace a los materiales herméticos, casi epidérmicos, fundirse literalmente con la luminosidad que emana su superficie, de un modo parecido al de la producción del artista norteamericano James Turrell. A Wolf, al igual que Turrell o Wright, le apetece un desierto metafórico donde instalar una nueva cultura minimalista, y tiende siempre al mismo «casi nada» que tanto enorgullecía al mejor Mies.

schematic if elegant pieces, such as the NCNB Park Road Bank in Charlotte of 1972, or the Oklahoma Motor Bank projected for Tulsa in 1976, through to complex layered civic works such as the highly orchestrated proposal for the relandscaping of the Minnesota State Capitol or most recently his proposal for the Center of Regional Government in Toulouse. As he has grown older his work has deepened; he has in effect come closer to Kahn without in any way becoming Kahnian.

Perhaps, in the last analysis, the most singular quality of his expression resides in its sublime attitude towards light, that goes beyond Kahn's feeling for a descending luminiere autre, to posit a highly dematerialized light, in which hermetic, skin-like material appears quite literally to fuse with the light that emanates from its surface much as in the work of the American artist James Turrell. Like Turrell, like Wright, Wolf still looks to a metaphorical desert, as the site for a new minimalist culture, tending always towards the same «almost nothing» that was the pride of Mies at this best.

1990-1992. Hôtel du Departement de la Haute Garonne, Toulouse. Vista general de la maqueta.

*1990-1992. Hôtel du Departement de la Haute Garonne, Toulouse. General view of the model.*

# El espíritu de la medida

*Guy Nordenson*

# The Spirit of Measure

*Guy Nordenson*

*La geometría de la fractura limita y define el arte de la talla.*
Adrian Stokes

*The geometry of fracture limits and defines the art of carving.*
*Adrian Stokes*

Desde el edificio Equitable, presto a huir como un ovni de unos ridículos vecinos, a la invitación que hacen los jardines del NCNB a pasear descalzo por la delicada geometría de césped y piedra, siempre produce sorpresa ir a un edificio de Harry Wolf. Los planos y las fotografías te preparan para un rigor geométrico fino y abstracto, mas no para los muros calizos de Texas hormigueantes de historia. Tal vez sea ésta la razón por la que visitando el Palacio de Justicia de Mecklenburg, en Charlotte, lo primero que me sorprendió fue la descomposición de la fachada de caliza por los agentes atmosféricos. Sin embargo, cuando después exploré el edificio me di cuenta de que las columnas de hormigón manualmente gastadas, los bancos-graffiti tallados, las escaleras de hormigón y la caliza grisácea soportaban con dignidad su edad y un uso incesante. Al irme, me giré para contemplar cómo la luz de la tarde se reflejaba con fuerza en el edificio creando un estanque vivo en una masa pétrea cálida y en sombras.

Entre la idea y los materiales, o entre lo incomensurable y lo mensurable (y viceversa, al decir de Louis I. Kahn) están la condición y el equilibrio de su arquitectura. En palabras de Martin Heidegger: «Así planteado, damos fe de la crisis de que, en nuestra total preocupación por la tecnología, no sentimos que ésta haga acto de presencia, de que, en nuestra completa proclividad estética, no vetaremos ni defenderemos nunca más que el arte haga acto de presencia.» En nuestro mundo deconstruido, unos cuantos arquitectos quieren en solitario amparar ese «acto de presencia».[1] A mi entender en Harry Wolf se produce una extraña mezcla de ingenio, pasión y visión para el orden en patrones y de empatía, respecto al carácter de materiales y personas; posee el espíritu, si se quiere llamarlo así, para dar empuje a esta tradición. Repárese si no en la deliciosa hipérbola de las cubiertas de nueve pliegues que propuso en el proyecto con el que participó en el concurso del aeropuerto de Kansai, en la manifestación burlona de la geometría cuadricular de la Torre 747 o en el sello «angelical» del núcleo de servicios situado en la fachada este de la misma. Al igual que en la arquitectura de Louis I. Kahn, siempre se da una urdimbre de materiales, luz, estructura, instalaciones y circulaciones, y siempre se da el ingenio. Baste verlo en el ya citado edificio Equitable, construido tan rápidamente y a tan bajo coste que parece gravitar en su etérea envoltura.

Hay también correspondencia con la obra de otro arquitecto norteamericano de talento, Gordon Bunshaft. Una inteligencia fría y un placer por las cosas se combinan en ambos para crear edificios racionales y sensuales del género de la

*It is always a surprise to come to a building of Harry Wolf's: from his Equitable Building ready at any moment to flee UFO-like from its sorry neighbors, to the invitation of the gardens at the NCNB Tower to wander barefoot in the exquisite geometry of grass and stone. The drawings and photographs prepare you for a cool and abstract geometric rigor, not for the walls of Texas shell stone alive with history. This may be why, on a visit to the Mecklenburg Courthouse in Charlotte, I was at first taken aback at the weathering of the limestone facade. But then as I explored the building further it became clear how well the hand worn concrete columns, the graffiti-carved benches, the concrete steps and the greying limestone bore their age and constant use with dignity. As I left I looked back to see the evening light refract sharply through the building, a lively pool in the warm shadow-full stone.*

*Between the idea and the materials or between the immeasurable and the measurable (and back, would say Louis Kahn) is both the way and equilibrium of his architecture. In the words of Martin Heidegger, «thus questioning, we bear witness to the crisis that in our sheer preoccupation with technology we do not yet experience the coming to presence of technology, that in our sheer aesthetic-mindedness we no longer guard and preserve the coming to presence of art». In our deconstructed present few architects pursue let alone preserve this «coming to presence».[1] In my view Harry Wolf has the rare combination of wit, of passion and eye for order in patterns, and empathy for the character of materials and people, has the soul if you will, to take this tradition forward. Throughout his work there is evidence of his delight in discovery and invention. Consider the gorgeous excess of the nine-fold hypar roofs of the Kansai Airport competition entry, the teasing revelation of the folded square geometry of the 747 Tower structure or the angel-like impression of the service core on its East facade. As with the architecture of Louis Kahn there is always a close interweaving of material, light, structure, servicing and circulation, and there is wit –witness again the Equitable Building, built so quickly and cheaply it seems to hover on its envelope of air!*

*There are correspondences as well with the work of another American and witty architect, Gordon Bunshaft. In both, a cool intelligence and a delight in things combine to make buildings at once rational and sensual, like the Banque Lambert in Brussels or the National Commercial Bank in Kuwait or Lever House in New York. In these, thought and technology (structure, services and construction) are the means of inquiry, tools that mark the work in their use. It is by such marks, at once*

Banque Lambert, de Bruselas; el National Commercial Bank, de Kuwait, o la Casa Lever, de Nueva York. En estas obras el pensamiento y la técnica (la estructura, las instalaciones y la construcción) son medios de investigación, herramientas para marcarlas mediante sus usos. Precisamente, gracias a estas marcas, contingentes y trascendentes a un tiempo, se pulsa la poesía de la presencia.

```
0 1 2 3 4 5 6 7 8 9
0 1 2 3 4 5 6 7 8 9 0
1 2 3 4 5 6 7 8 9 0 1
2 3 4 5 6 7 8 9 0 1 2
3 4 5 6 7 8 9 0 1 2 3
4 5 6 7 8 9 0 1 2 3 4
5 6 7 8 9 0 1 2 3 4 5
6 7 8 9 0 1 2 3 4 5 6
7 8 9 0 1 2 3 4 5 6 7
8 9 0 1 2 3 4 5 6 7 8
9 0 1 2 3 4 5 6 7 8 9
```

(Jasper Johns, de *White Numbers*, 1957)

La analogía más atinada que quizás haya encontrado para esta obra es un notable cuadro de Jasper Johns, intensamente texturizado, *White Numbers*,[2] que consiste en una matriz de 11 × 11. Los números, figuras curvas grabadas a fondo en la pintura, recuerdan sus orígenes cuneiformes. La conmoción babilónica que significó el descubrimiento del cero se evoca dejando en blanco el vértice superior izquierdo. La matriz ordenada según el eje de simetría definido por su «diagonal principal» es una forma de antiguo conocida por matemáticos e ingenieros informáticos, pues desde la década de los cincuenta la utilizan para trabajar en complicados problemas de analítica. Finalmente, la regularidad que implica esa alineación numérica no sólo resiste magníficamente que el lienzo, como unidad, no sea el cuadrado, sino que tiene algo misterioso, ya que la diagonal de *este* 11 equivale numéricamente al lado. En la feliz concurrencia del arte, la técnica y las matemáticas están la singularidad, el humor y el espíritu de las mismas, aunque se saboreen tan raras veces.

El profesor Cyril Smith, reconocido especialista en metalurgia e historia de la técnica, demostró que la mayoría de los hallazgos técnicos proceden de la búsqueda estética del orden en el material en (o a) mano. Desde los bronces chinos a las espadas japonesas y los esmaltes cerámicos «parece que la cu-

*contingent and transcendent, that the poetry of presence is struck.*

```
0 1 2 3 4 5 6 7 8 9
0 1 2 3 4 5 6 7 8 9 0
1 2 3 4 5 6 7 8 9 0 1
2 3 4 5 6 7 8 9 0 1 2
3 4 5 6 7 8 9 0 1 2 3
4 5 6 7 8 9 0 1 2 3 4
5 6 7 8 9 0 1 2 3 4 5
6 7 8 9 0 1 2 3 4 5 6
7 8 9 0 1 2 3 4 5 6 7
8 9 0 1 2 3 4 5 6 7 8
9 0 1 2 3 4 5 6 7 8 9
```

*(from* White Numbers *by Jasper Johns 1957)*

*Perhaps the best analogy I have yet found for the spirit of this work is Jasper Johns[1] remarkable painting of an 11 × 11 matrix, «White Numbers».[2] It is a deeply textured painting. The numbers, curved figures deeply carved in paint, recall their cuneiform origin. The Babylonian's shock at discovering the zero is evoked, in the top left corner void. The orderly matrix with its «cross-diagonal» symmetry is old form among mathematicians and computer engineers who, since the 1950's have used them to work complex analytical problems. Finally the regularity implied by the alignment of numbers is not only marvelously at odds with the off-square of the canvas as a whole but is uncanny, since the diagonal of this square equals in number its side! Here in this delightful encounter of art, technology and mathematics is all the oddity, humor and spirit so much a part of these and so seldom enjoyed.*

*Professor Cyril Smith, the great metallurgist and historian of technology, showed that most technological discoveries are born of an aesthetic search for order in the material at (or in) hand: from Chinese bronze casting to Japanese swords to ceramic glazes «aesthetically motivated curiosity, or perhaps just play, seems to have been the most important stimulus to discovery».[3] Today the study of order in «chaotic» or nonlinear dynamic systems continues this practice. Obviously such curiosity is founded on a faith in the possibility of truth and order revealed by intelligence and craft (and play). The nihilism of current North American architectural culture, whether modern or post-modem mise-en-scéne or deconstructivist exhibitionism, denies this incessantly. Such millennial co-*

riosidad por motivos estéticos o sencillamente el juego han sido el estímulo más importante en los descubrimientos».[3] Hoy, con el estudio del orden en sistemas dinámicos «caóticos» y no lineales continúa el ejercicio. Claro está que la curiosidad se basa en la fe en la posibilidad de verdad y orden revelada por la inteligencia y el oficio (y el juego). El nihilismo que manifiesta la actual cultura arquitectónica norteamericana, sea en la *mise-en-scène* moderna o postmoderna, sea en el exhibicionismo deconstructivista, no cesa de negar lo antedicho. Este amedrantamiento milenario no sirve de ninguna ayuda. Durante nuestra vida, la población del globo se triplicará y además la superficie terráquea y la atmósfera se parten en dos. Es urgente interrogar a nuestra cultura y a nuestra naturaleza para que nos guíen y hacer de nuestras artes y de nuestras ciencias útiles prueba de recuperación y esperanza. Harry Wolf es un explorador que marcha a la cabeza.

*wering is no help. In just our lifetime the population of the Earth will more than triple and the surface and atmosphere are even now tearing apart. It is urgent that we question our culture and nature for guidance and make our arts and sciences the tools and evidence of recovery and hope. Harry Wolf is a scout on the way ahead.*

1. «¿Qué hay en Mies, en Le Corbusier, en Aalto que pertenezca a la propia artquitectura? Lo inevitable o eterno *per se*, lo que por naturaleza corresponda a la arquitectura.» Louis I. Kahn, *On Form and Design*, 1960.

2. Forma parte de una serie. Me refiero al cuadro pintado en 1957 expuesto en el Museum of Modern Art de Nueva York.

3. Véase Cyril S. Smith, *A Search of Structure*, MIT Press, Cambridge, 1981, que bien vale citar con larguez. Erróneamente, casi todo el mundo cree que la técnica es un arte aplicada. Se está convirtiendo en esto con rapidez; no obstante, a lo largo de la historia, la ciencia resurge de los problemas para que la solución intelectual salga de la experiencia más íntima que los técnicos tienen del comportamiento de la materia y del mecanismo. La técnica posee una relación más estrecha con el arte que con la ciencia, no sólo en lo material –pues, en cierto modo el arte debe englobar la elección y manipulación de la materia–, sino también en lo conceptual –porque así el técnico, como el artista, han de trabajar con múltiples complejidades que escapan al análisis... El descubrimiento inicial de materiales, máquinas y procedimientos útiles se ha dado casi siempre en las artes decorativas y sin que existiera una voluntad práctica aprehensible. La necesidad *no* es la madre de la invención, lo es tan sólo del progreso. El hombre que con desespero busca un arma o alimento no se encuentra en disposición de descubrir, únicamente puede explotar aquello cuya existencia conoce. El descubrimiento exige una curiosidad con móviles estéticos, pero no de una lógica, puesto que lo nuevo sólo adquiere validez por efecto de la interacción en un entorno preexistente. El origen de lo nuevo es imprevisible. Algo nuevo, sea cual fuere su género, marca el principio de una anomalía local, de una zona de desajustes situada en una estructura preexistente. El núcleo germinal no se distingue de las fluctuaciones a las que todavía no llegó el momento de producirse ni del sinnúmero que el futuro simplemente borrará.

1. «*What is there about Mies, what is there about Le Corbusier, what is there about Aalto that belongs to architecture itself? That which is inevitable or eternal as it is, that naturally belongs to architecture.*» Louis I Kahn (On Form and Design, 1960).

2. *One of several in this series. I refer to the 1957 painting at the Museum of Modern Art, New York City.*

3. *See Cyril S Smith A Search for Structure (Cambridge, MIT Press 1981), well worth quoting at length: Nearly everyone believes, falsely, that technology is applied science. It is becoming so, and rapidly, but through most of history science has arisen from problems posed for intellectual solution by the technician's more intimate experience of the behavior of matter and mechanisms. Technology is more closely related to art than to science –not only materially, because art must somehow involve the selection and manipulation of matter, but conceptually as well, because the technologist, like the artist, must work with many unanalyzable complexities... the first discovery of useful materials, machines, or processes has almost always been in the decorative arts, and was not done for a perceived practical purpose. Necessity is not the mother of invention –only of improvement. A man desperately in search of a weapon or food is in no mood for discovery; he can only exploit what is already known to exist. Discovery requires aesthetically motivated curiosity, not logic, for new things can acquire validity only by interaction in an environment that has yet to be. Their origin is unpredictable. A new thing of any kind whatsoever begins as a local anomaly, a region of misfit within the preexisting structure. This first nucleus is indistinguishable from the new fluctuations whose time has not yet come and the innumerable fluctuations which the future will merely erase.*

## Casa Folger
### Charlotte, Carolina del Norte

El paraje rural, sujeto a inundaciones y engañosamente bajo, indujo la idea de crear una edificación colocada encima de un podio.

El diálogo entre lo natural y lo artificial se realza dejando intacto todo lo externo a la plataforma para que contraste con las formas geométricamente puras de la casa construida con muros de obra vista blancos y vidrio sobre superficies recortadas de césped moduladas con ejemplares arbóreos.

El tema de mostrar muros misteriosamente ciegos que deben atravesarse es una preocupación constante; las sensaciones de anticipación y tensión son una fascinación singular que reaparece en proyectos posteriores.

## *Folger Residence*
### *Charlotte, North Carolina*

*A rural site, well wooded, low lying and subject to flooding, gave rise to the idea of creating this building on a podium.*

*Dialogue between the man-made and the natural is heightened by leaving everything outside of the platform untouched, to contrast with the pure geometric forms of the building with its white painted brick and glass walls atop clipped grass planes modulated with specimen trees.*

*The theme of presentation of mysteriously blank walls, to be entered between, is a continuing preoccupation; the sense of anticipation and tension, a particular fascination which returns in later projects.*

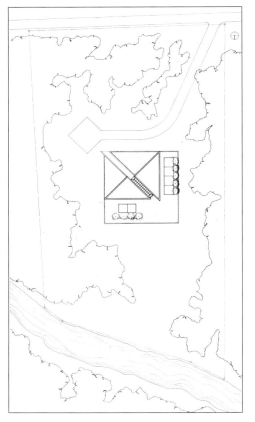

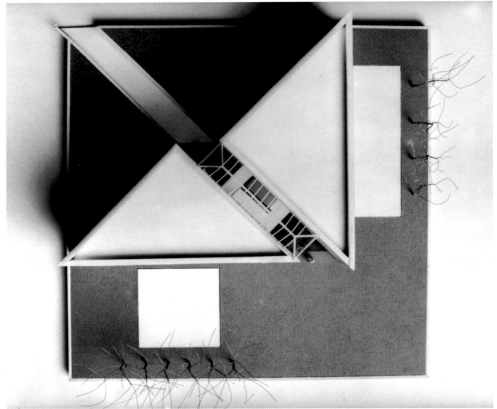

Emplazamiento, plantas y diversas vistas de la maqueta.

*Site plan, plans and views of the model.*

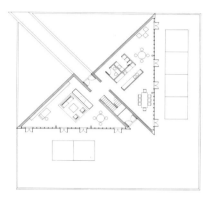

### North Carolina National Bank, sucursal Beatties Ford Road Charlotte, Carolina del Norte

La situación de este banco en una cacofónica calle suburbana que ofrece una mezcla de franjas de centros comerciales y edificios aislados de tiendas, dio paso a una propuesta que brindara, en cambio, silencio y orden. La fachada ciega otorga presencia e indentidad a este pequeño edificio.

La forma triangular presta la ocasión de crear un espacio público protegido del caos de la calle, un antepatio agradable destinado tanto al personal como a los clientes del banco.

### North Carolina National Bank, Beatties Ford Road branch Charlotte, North Carolina

*The location of this bank on a typically cacophonic suburban street with its miscellany of strip shopping centers and isolated retail buildings precipitated the idea of presenting, in contrast, silence and order. A blank facade gives this small building presence and identity.*

*Its triangular shape affords the opportunity for creating a public place sheltered from the chaos of the street, a pleasant forecourt for the occupants as well as the clients.*

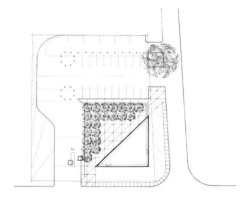

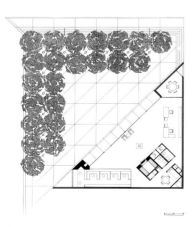

# 1970-1971

### Oficinas en Manhattan, the Williams Companies Tallasi Management Company, Nueva York

Las sutiles yuxtaposiciones que se registran en planta y volumen generan un marco minimalista. La colección artística, que inició el arquitecto y completó generosamente el cliente, proporciona un rico manto al carácter austero de paredes, mostradores y mesas de despacho.

Las estanterías de las oficinas particulares y la parte de atrás del armario de la recepción representan unas primeras incursiones en el juego abstracto de líneas para generar un segundo nivel de dibujo.

### *Manhattan Offices; the Williams Companies Tallasi Management Company, New York City*

*Subtle juxtapositions in plan and volume create a minimalist setting for Manhattan offices. The art collection, initiated by the architect and generously fulfilled by the client, provides a rich foil to the more austere qualities of walls, desks and cabinets.*

*The bookcases in the private offices and the back of the reception area Burl cabinet represent early investigations of the abstract play of lines in creating a second level of pattern.*

Planta y diversas vistas del interior.

*Plan and various views of the interior.*

**1971-1972**

**North Carolina National Bank, sucursal Park Road**
**Charlotte, Carolina del Norte**

El autobanco se convierte en banco/panel de anuncios que se cruza de través. El volumen alongado constituye una imagen impresionante en el escenario de un paisaje suburbano.

*North Carolina National Bank,*
*Park Road branch*
*Charlotte, North Carolina*

*A drive-in bank becomes a drive-thru bank/billboard, the long volume an arresting image in the suburban landscape.*

Emplazamiento, planta, alzados, sección y diversas vistas del exterior e interior.

*Site plan, plan, elevations, section and various views of the exterior and interior.*

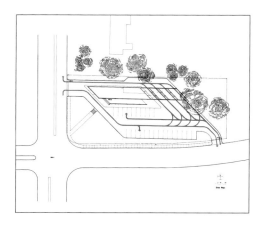

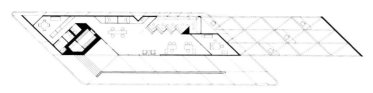

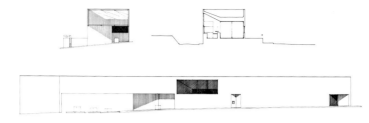

## University of North Carolina, edificios de aulas y oficinas de administración Charlotte, Carolina del Norte

El edificio destinado básicamente a aula es la primera exploración sobre una morfología definida vertical y horizontalmente por un módulo de planificación y por un orden de proporcionalidad de 0,61 × 2,4 m (2' × 8') es decir, de cuatro cuadrados. La epidermis de ambos edificios está hecha con un ladrillo sobredimensionado de 10,1 × 20,2 cm y con un canto de doble cuadrado colocado a junta continua para expresar que no desempeña función de carga. El color de la obra vista obedece a un código cromático; cambia desde el rojizo del campus al blanco que adopta en donde los volúmenes se tallan o, por decirlo metafóricamente, en aquellos fragmentos en que la epidermis se ha retirado y las vísceras son visibles.

## University of North Carolina, Charlotte: Office-Classroom and Administration Buildings

*The Office-Classroom Building is the first exploration of a figure defined vertically and horizontally by a planning module and proportional order, here a 2'× 8' (.61m × 2.4m) double-double square. The skin of both buildings is an oversized brick with a 4"× 8" (10.1 cm × 20.2 cm) double square face, stack bonded to confirm that it is not load bearing. The masonry skin is colorcoded; it changes from the standard campus reddish color to white where the building volumes are carved away, so that, metaphorically, when the skin is cut away, the viscera is exposed.*

Emplazamiento y diversas vistas del exterior.

*Site plan and various views of the exterior.*

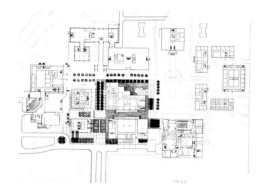

El pórtico peatonal, articulador del programa, pasa a ser el elemento que organiza el edificio de aulas y las pautas de circulación del campus. El acristalamiento es la principal manifestación externa de la retícula formada por cuatro cuadrados; sin embargo, en el edificio de oficinas del centro universitario, más macizo que el primero y construido posteriormente, el dibujo se manifiesta también en los paneles de obra vista.

Nuestra pretensión es incorporar mediante estos edificios una sensación de orden a un grupo amorfo de construcciones. La complejidad que introdujo la pendiente del terreno se resolvió con una serie de respuestas sutiles que se acusa en los mismos como sucesión de niveles para acceder desde el terreno y procuró, asimismo, una sensación debidamente urbana de circulación y tratamiento en detalle. La urdimbre de escaleras, rampas, pavimentos y ajardinamiento confeccionan un lugar.

The Pedestrian Arcade articulates the program, it becomes an organizing element of the classroom building and the campus movement patterns. The glazing is the primary external expression of the double-double square pattern. In the later and more solid Administration Building, this pattern manifests itself in the brick panels as well as in the glazing.

With these buildings we sought to bring a sense of order to an otherwise amorphous group of buildings. The complexity presented by the sloping site results in a series of subtle responses in both buildings to access on many levels from grade and provides an appropriately urban sense of movement and detail - stairs, ramps, paving and landscape interlaced to make a place.

Páginas anteriores: diversas vistas del exterior e interior.

*Previous pages: various views of the exterior and interior.*

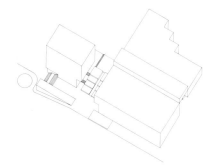

Axonometría, fragmentos de las fachadas y vistas desde el interior hacia el espacio público.

*Axonometric sketch, partial view of the facades and views of the public space from the interior.*

## Bank of Oklahoma Motor Bank, Autobanco Tulsa, Oklahoma

Con arreglo a la técnica que se aplica con suma frecuencia en las ciudades del sudoeste del país, toda una manzana del centro urbano se dedica también aquí a autobanco.

Nuestro criterio fue crear un «huerto» que se cruzara camino de las cajas del banco y, según esto, pensábamos que una manzana verde sería un regalo para la ciudad si, como suponíamos, se rodeaba de edificios en altura.

El terreno, con una pendiente de Este a Oeste, se manipula con objeto de ceder a los peatones el sector suroccidental. El parque se corona con un banco peatonal, tipo «linterna», mientras que debajo de este parque con podio se disponen los servicios para usuarios motorizados. Con muros de cerramiento tejidos de pavés y sostenido por una estructura que recuerda los depósitos de gas natural de la refinería que hay en la otra orilla del río, el edificio es la continuación de la trama arbórea. La expresión horizontal de la epidermis mezcla paveses incoloros y de color, grandes y pequeños; la escala superior se encuentra en el lado norte y la menor en la sur, de modo que la trama más fina de la fábrica de ladrillo intercalada entre el pavés opone una pantalla al sol más tupida.

La falta deliberada de una escala es la manera de que una estructura de tamaño muy pequeño tenga presencia en una zona del centro urbano. En esta manzana cuadrada la geometría matriz es el cuadrado doble y su diagonal.

## *Bank of Oklahoma Motor Bank, Tulsa, Oklahoma*

*Typical of the technique in many southwestern cities, here, a full block in the core of the city is devoted to banking by automobile.*

*Our concept was to create an «orchard» through which one drives en route to auto tellers. In this way a green block would be presented as a visual gift to the city, for we assumed that the site would eventually be surrounded by taller buildings.*

*With an east-west slope, the site is manipulated so that the south-eastern part is given over to the pedestrian. This park is surmounted by a «lantern» walk-in bank; the automobile-related and support services beneath this park-cum-podium. The building, enclosed by a wall woven of glass block and supported on a structure that recalls the natural gas storage tanks in the refineries across the river, is a continuation of the tree-grid. The horizontal expression of the skin combines clear and tinted, large and small blocks – the larger scale occurring on the north side, the smaller size occurring on the southern exposure so that the finer grid of the masonry between the blocks is a more dense sunscreen.*

*The intentional absence of scale is a mode for giving a presence to what is a very small structure in a downtown area. In the square block, the double square and its diagonal become the organizing geometry.*

Emplazamiento y vistas de la maqueta.

*Site plan and views of the model.*

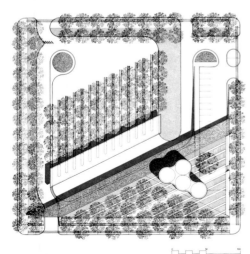

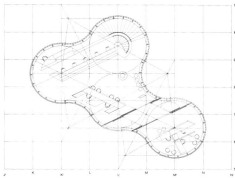

Planta, vistas de la maqueta y de dos nuevas propuestas.

*Plan, views of the model and of two new proposals.*

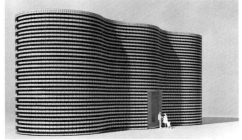

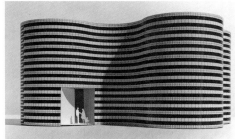

**1976-1977**

**Centro de Salud Mental,
Centro Catawba de crecimiento
y desarrollo
Rock Hill, Carolina del Sur**

Este edificio, adición a un complejo hospitalario preexistente, crea un patio interior propio y tranquilo por medio de un cuadrante que alberga las oficinas de los consejeros y sale del edificio rectangular donde se hallan los servicios centrales de asistencia. El volumen en forma de arco está cuidadosamente situado respecto a la topografía que tiene el terreno en pendiente hacia el Sureste. El edificio es de obra vista pintada de blanco, material de tradición (*versus* moderno) en esta zona de la región.

*Mental Health Center/Catawba
Center for Growth and
Development,
Rock Hill, South Carolina*

*An addition to an existing hospital complex, this building creates its own quiet interior courtyard with a quarter-circle of counselors' offices that springs from the bar building, which contains central services. The arc building is carefully sited with regard to the existing topography, which drops away to the south-east. The building is of white-painted brick, a traditional (versus modern) material in this part of the country.*

Emplazamiento y diversas vistas del exterior.

*Site plan and various views of the exterior.*

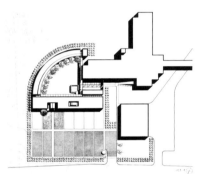

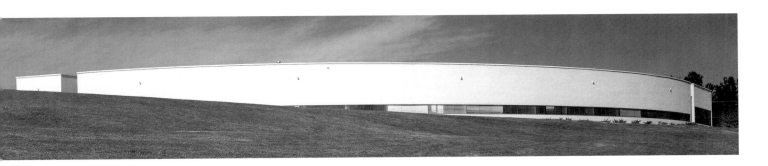

Planta y vistas de la fachada curvilínea interior.

*Plan and views of the curving interior facade.*

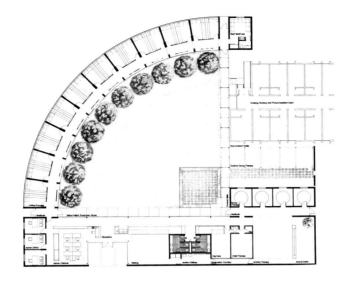

41

Sección y diversas vistas de los corredores
exteriores e interiores.

*Section and various views of the exterior and
interior corridors.*

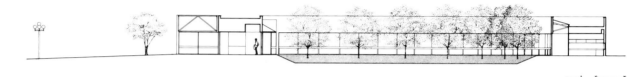

# 1977-1982

**Palacio de Justicia
del Condado de Mecklenburg
Charlotte, Carolina del Norte**

*Hall of Justice, Mecklenburg
County Courthouse
Charlotte, North Carolina*

La naturaleza lineal que tiene la circulación en este género de edificios permite poner en práctica la estrategia urbana de utilizarlo para organizar el terreno y dar coherencia al área que lo rodea. La masa se extiende hacia el límite del terreno a fin de definir la calle y el parque situado al Sur. La organización del nuevo edificio, las construcciones auxiliares existentes y el dibujo, color y materiales del patio redefinen con un vocabulario arquitectónico actual el patio tradicional del palacio de justicia.

El pasillo público que recorre el edificio por el norte supone la apertura visual del mismo y un homenaje a los procesos judiciales que se celebran en las salas y tribunales. La fachada sur, de mayor solidez y con la estructura de hormigón aplacada con piedra caliza, es una respuesta a las condiciones climáticas y un cambio de escala entre los recintos exteriores e interiores.

Tanto las partes en que se divide el patio como la organización de los pasos peatonales reflejan en un fragmento las necesidades de direccionalidad y el sistema de proporciones del terreno.

*The linear nature of circulation in a court building allows the urban strategy of using this building to organize its site and give coherence to the surrounding area. The mass pushes to the edge of the site to define the street and the existing park to the south. The organization of the new building and the existing ancillary structures, as well as the patterning, the coloration and the materials of the forecourt, redefine the traditional courthouse square in an architectural language of today.*

*The public corridor along the northern length of the courthouse opens the building visually and celebrates the judicial process, carried out as much in the halls as in the courtrooms. The more solid southern elevation, with its blocks of limestone enveloping the concrete frame, contrasts with the linear glass curtainwall on the north side, providing both a response to climate and a shift in scale from outer to inner precincts.*

*Not only the subdivisions of the courtyard, but also the organization of the pathways respond to necessities of direction and manifest the proportioning system, here exposed for a fragment of the site.*

Diversas vistas del exterior.

*Various views of the exterior.*

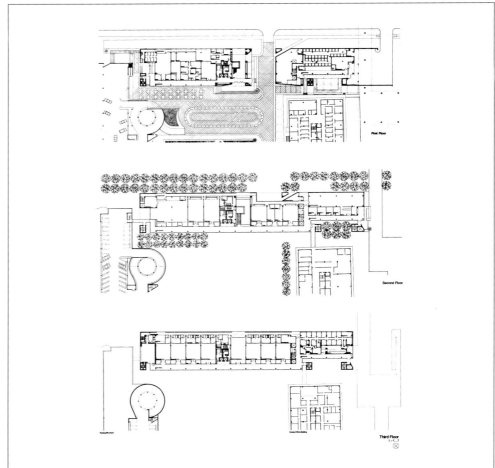

Plantas y diversas vistas del exterior e interior.

*Plans and various views of the exterior and interior.*

49

# 1980-1981

## Embajada de EE.UU.
## Abu Dhabi, Emiratos Árabes Unidos

### *American Embassy*
### *Abu Dhabi, United Arab Emirates*

Una embajada como ésta, de hecho, es un pequeño edificio de oficinas. Pero tiene una resonancia simbólica en la que vimos el desafío más importante. Desde el punto de vista funcional, las embajadas establecen exigencias de seguridad muy rígidas. El objetivo se cifró en cumplirlas de una manera tan integrada en el diseño que no fueran conceptualmente elementos intrusos ni siquiera visibles. Por lo tanto, el tradicional conjunto amurallado se transformó en un plinto circundado por paredes, que se corona con cuatro grandes cubos.

Con el uso de una abstracción estricta, con un auténtico surrealismo en un edificio pequeño se crea una imagen impresionante. A los cubos de hormigón armado se les despoja de escala revistiéndolos de una trama continua de 40 cm (16") de piedra y vidrio. Desde lejos, los cubos de 14,40 m de altura parecen cuerpos macizos con superficies de piedra natural, extraída del desierto para que reflejen su gama de colores suaves, y de vidrio de tonos rosados. Lo que se pretende es realzar la condición misteriosa del edificio y hacer el proceso de acceso más ceremonioso, con lo cual aquél se hace más emblemático.

El espacio interior es compacto y adusto; manchas de luz solar modulan las superficies de piedra, simples bancos de este material facilitan lugares de asiento y discretos cuadrados de agua aportan el sonido.

Muchos proyectos con un emplazamiento similar no han podido resistir la tentación de emplear la geometría islámica. Creemos que en el binomio espacio/tiempo de un proyecto, entendiéndolo como período vital, no es posible que Occidente asimile la filosofía de Oriente, y que por lo tanto, tampoco su geometría. Nosotros procuramos comprender la esencia de la geometría, tomamos el cuadrado, una forma sumamente sacra que denota estabilidad, igualdad y equilibrio, a la vez que creamos un tema de cuadrados y cubos que fuese el origen de una trabazón cultural.

*An embassy such as this is in reality simply a small office building. It has, however, a symbolic responsibility, and we saw this as the principle challenge. Functionally, embassies have rather severe security requirements. The objective here was to accomplish these in a way so synthesized with the design that they were not intrusive, ideally not even visible. Therefore, the traditional walled compound became a walled plinth, surmounted by four great cubes.*

*Severe abstraction, indeed surrealism, is used to create an arresting image with a small building. The reinforced concrete cubes are rendered scaleless by being clad with a continuous 16" (40 cm) grid of stone alternating with glass. At a distance, these 14.4 m. cubes seem to be solid blocks. Their surfaces are, in fact, composed of stones —taken from the desert to reflect its range of soft colors— and rose glass. The intentions are to heighten the mysterious quality and to make the process of access more ceremonial and, therefore, the building more emblematic.*

*The interior space is strong and severe, its stone surfaces modulated by the dappled sunlight, seating provided by simple stone benches and sound created by unobtrusive squares of water.*

*In a project with a location such as this, the temptation to use Islamic geometry has been irresistible to many, and the results are everywhere to be seen. We believe that in the time/space of one project, if indeed in a lifetime, the Western assimilation of Eastern philosophy, and therefore geometry, is not possible. We sought to understand the essence of the geometry. We took a most sacred form, the square, which denotes stability, equality and balance and is representative of the earth, and created a theme of squares and cubes as a source of cultural connection.*

Maqueta, planta y perspectivas de la propuesta.

*Model, plan and perspectives of the proposed scheme.*

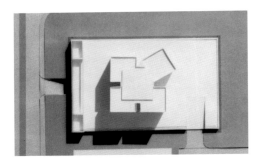

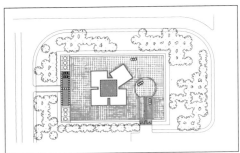

Diversos bocetos en planta, alzado y perspectiva.

*Various sketches in plan, elevation and perspective.*

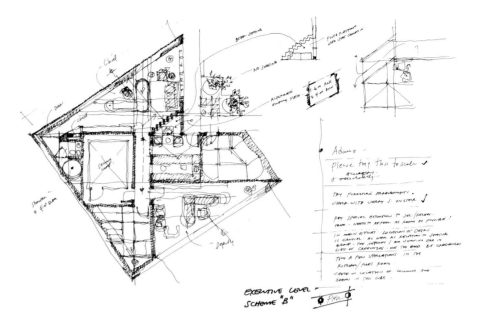

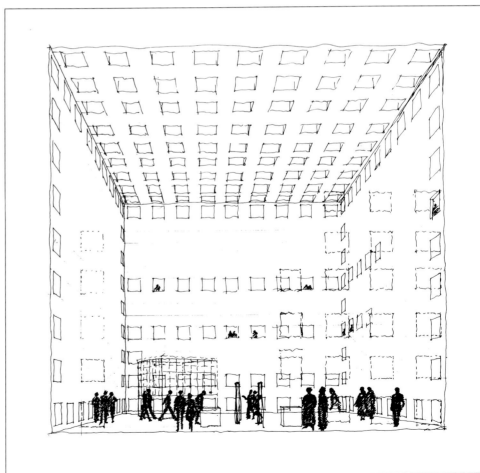

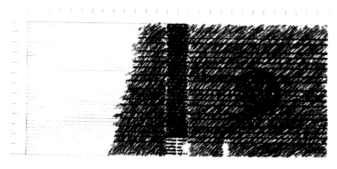
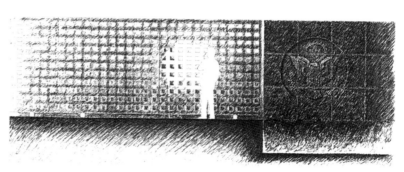

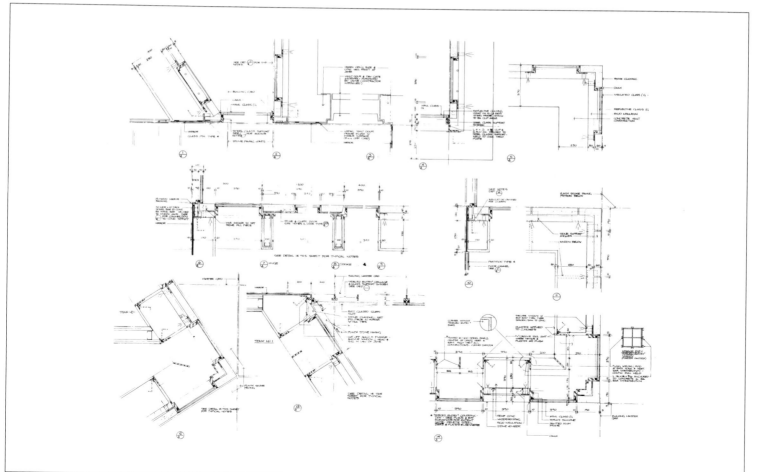

# 1982

## Concurso para plaza cívica
## Fort Lauderdale, Florida

Popularmente, de Fort Lauderdale se tiene la visión del lugar a donde miles de estudiantes van a pasar sus vacaciones primaverales. Nosotros nos planteamos ir más allá de esta lectura tan superficial y nos concentramos en sus elementos fundamentales –agua y sol–, presentándolos con seriedad y profundidad a fin de evocar la historia y la cultura de la ciudad.

El culto al sol y la medida del tiempo a partir de su luz son hechos que se remontan a los primeros compases de la historia. Tiene interés señalar que los 26° de latitud a que se encuentra la ciudad en torno al globo, coincide con la antigua Tebas, trono del dios solar Ra, y más al Este, por Jaipur, el centro astrológico donde se construyó, ciento diez años antes de fundarse Fort Lauderdale, el mayor reloj de sol del mundo. Para representar el símbolo solar se realiza por incisión un enorme reloj de sol en la plaza, cuyo gnomon de doble hoja divide el terreno, formando un paso peatonal axial entre el muro, situado al Norte, y el río, al Sur. Las hojas se alzan colosales según un ángulo igual a la latitud de la ciudad y en las superficies llevan talladas fechas de efemérides históricas de ésta.

La geometría que presenta la diagonal del cuadrado doble (virtualmente igual a la latitud de la ciudad) impera en todo el conjunto para establecer así una relación entre la idea de diseño y cada una de las partes. Esta fórmula es algo intrínseco en las geometrías constructivas de todas las épocas y en este proyecto se emplea para crear una armonía tenue e inconsciente en los elementos.

El suelo de la plaza se transforma en un gran mapa de la ciudad cruzado por un New River en miniatura. El estanque rehundido se abre al anfiteatro situado en el lado oeste del reloj de sol. El plano de emplazamiento se torna una metáfora de esta zona de Florida. El bosque pequeño, pero frondoso, de palmeras reales que crece en la porción oeste representa el fértil interior de Florida y la zona del pavimento duro y el agua de la porción este, representa la costa con el sol.

## *Civic Riverfront Plaza Competition*
## *Fort Lauderdale, Florida*

*The popular view of Fort Lauderdale is as a site for the annual Spring Vacation outing of thousands of college students who descend on its beaches to enjoy the sunshine and the ocean. Our approach was to look beyond the city's surface reputation and focus on its fundamental elements, sun and water, presenting them in a serious and profound way to evoke its history and culture.*

*The worship of the sun and the measurement of time from its light reach back to the earliest recorded history of man. It is an interesting coincidence to note that Fort Lauderdale, if one were to follow its 26 degree latitudinal position around the globe, is in the company of ancient Thebes, throne of the Sun God, Ra, and, further to the east, Jaipur, the astrological center where the world's largest equinoctial sundial was built 110 years before the founding of Fort Lauderdale. To capture the sun in symbol, a great sundial is incised on the plaza, the double-bladed gnomon of the sundial bisecting the site to form an axial walkway between the museum at the north and the river to the south. The huge blades rise at an angle equal to Fort Lauderdale's latitude incised with significant dates in the city's history.*

*To connect the design concept to each of the parts, the geometry of the diagonal of the double square (virtually identical with the latitude of the city) is used throughout. It is an element intrinsic in the building geometrics of cultures thru the ages and used in this project to create subtle and unconscious harmony between all its elements.*

*The floor of the plaza becomes an enlarged map of the city with the New River in miniature coursing through it. A sunken water court below opens to an amphitheatre to the west of the sundial. The site plan becomes a metaphor for this part of Florida; on the western side a lush grove of Royal palms set in grass represents Florida's fertile interior, the hard paving and water on the east representing the sunny coast.*

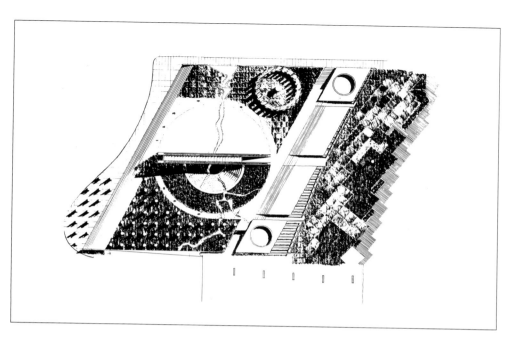

Emplazamiento y alzados de la propuesta.

*Site plan and elevations of the scheme.*

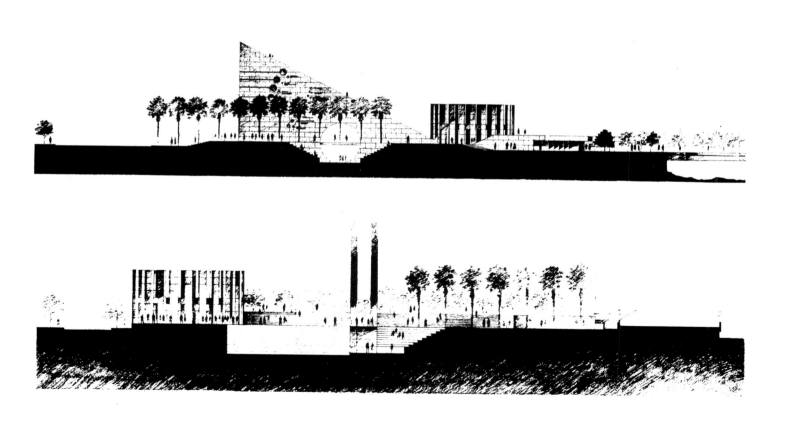

## North Carolina National Bank, oficinas centrales en Florida Tampa, Florida

En el proyecto de un edificio para una entidad de inversiones se propuso conjuntamente un centro cívico, a pesar de las limitaciones de tiempo y de presupuesto. Emplazado en un pivote del tejido urbano, este cilindro, forma arquetípica de la torre, evoca un faro o al centinela que monta guardia en la entrada de la ciudad. El pétreo exterior del edificio representa solidez, fortaleza y estabilidad, a la par que se exhibe como contrapunto del omnipresente revestimiento vítreo de los edificios del siglo XX. El vínculo del cilindro con la trama urbana lo establecen las forman cúbicas del vestíbulo del banco, que con una altura aproximadamente igual a la base del edificio de enfrente, liberan espacio entre el cilindro y el cubo y concilian la escala de la torre con la del peatón.

A través del uso de la geometría, el número, la proporción y la materia se espera que el edificio se comunique con el tiempo, el lugar y la cultura. Las geometrías islámicas de la Florida hispanoárabe inspiran las subdivisiones del terreno con las que se soluciona el encuentro del río con la trama urbana uniéndose lo natural y lo artificial. El velo geométrico que cubre por entero el terreno entreteje césped, pavimento, agua y arbolado, trenzando también un tapiz. A modo de apéndice, el suelo de la torre nos habla del tiempo y del lugar empezando por las trescientas sesenta y cinco piezas de mármol blanco que componen el duro pavimento de caliza, continuando por anillos de doce piezas en referencia a las fases lunares, etc., para terminar con trescientas sesenta divisiones y con la indicación de los cuatro puntos cardinales. Con la introducción de un orden geométrico exacto y colmado de contenido narrativo, se crea un edificio que, aun siendo puro y sobrio, elude la aridez empresarial a través de una liviana composición de significados. La vegetación que posiblemente cubra la trama reguladora contrarrestará la actuación del hombre y con el paso del tiempo bruñirá la obra.

## Florida Headquarters, North Carolina National Bank Tampa, Florida

*The design of an investment office building was viewed as an opportunity to create a place of civic stature, despite the attendant constraints of time and budget. Located at a pivotal point in the fabric of the city, the cylinder, archetype of tower, evokes images of a lighthouse or a sentinel guarding the entrance to the city. The building's exterior of stone represents solidity, strength and stability, and stands as a counterpoint to the ubiquitous twentieth-century mirror-clad building. The cylinder is linked to the urban grid by means of the cubic volumes of the banking hall, which approximate the height of the base of the building opposite it, provide a breathing space between cylinder and cube and mediate the tower's scale for the pedestrian.*

*Through the use of geometry, number, proportion and material there is an aspiration to connect this building to time, place and culture. Islamic geometries of Hispano-Moorish Florida inform the site divisions, which resolve the intersection of river and urban grid and tie together land and manforms. A geometric veil stretches over the entire site interweaving grass, pavement, water and trees to create a tapestry. As an extension, the floor of the tower speaks of time and place, beginning with 365 white marble elements in a hard limestone floor. Other rings contain 12 for months, 4 - the seasons, 13 for the phases of the moon, etc., ending in 360 divisions and a demarcation of the cardinal points. A precise geometric order, suffused with narrative contents, creates a building that, while pure and austere, avoids corporate sterility with a subtle complexity of meaning. The vegetation will eventually overgrow the ordering grid, countering the mark of man's hand, burnishing the work with age.*

Boceto y vista general del edificio y su entorno.

*Sketch and general view of the building and its surroundings.*

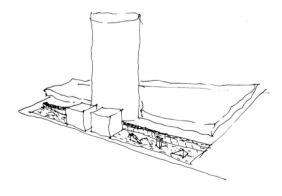

Diversas vistas del edificio y los jardines del entorno

*Various views of the building and its surroundings.*

Boceto en perspectiva y sección y fragmentos de la fachada y del interior del vestíbulo.

*Sketches in perspective and section and partial views of the facade and of the interior of the vestibule.*

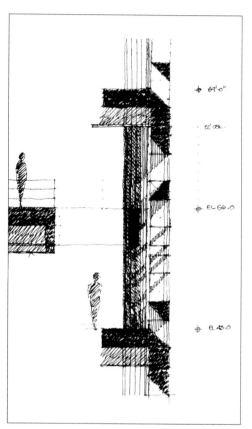

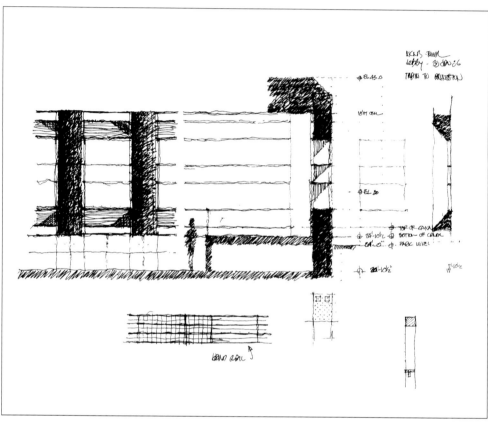

61

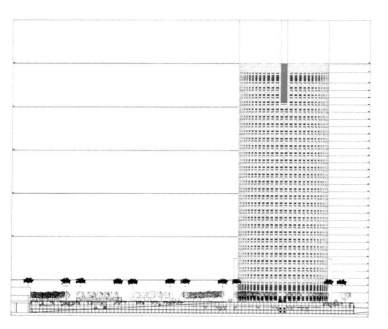
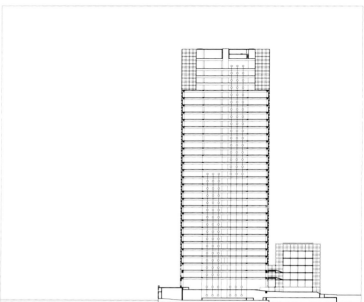

Planta general, alzados, sección y detalles de la estructura del cerramiento de la fachada y de las visuales interiores de una de las plantas.

*General plan, elevations, section and partial views of the facade and of thi interior of the vestíbulo.*

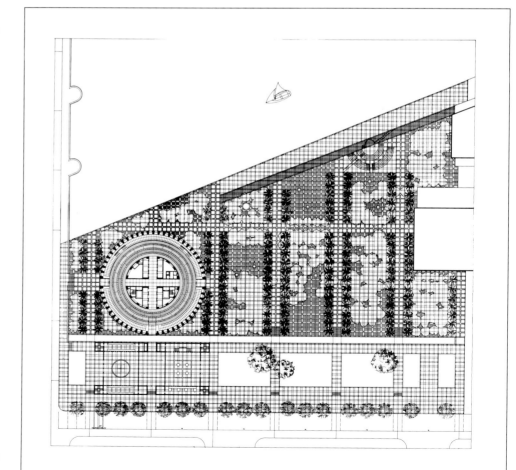

Páginas siguientes: diversas vistas del interior y del vestíbulo.

*Following pages: various views of the interior and of the vestibule.*

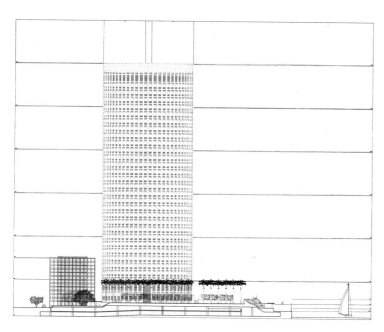

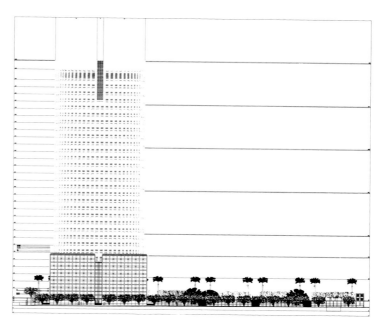

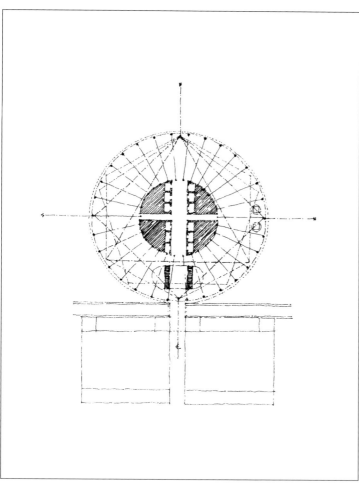

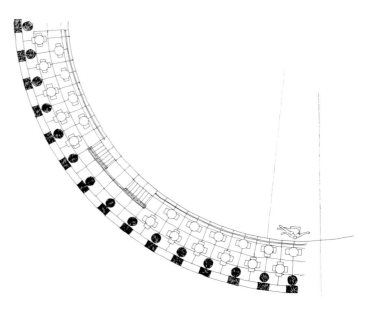

## Concurso para el puente Williamsburg
## Ayuntamiento de Nueva York

## *Williamsburg Bridge Competition*
## *New York City*

En 1987, el Departamento de Transportes del Ayuntamiento de la ciudad consideró que uno de los enlaces principales entre Manhattan y Brooklyn, el puente Williamsburg, estaba muy deteriorado por efecto de la corrosión. La Administración convocó un concurso internacional para sustituirlo, pero al final resolvió llevar a cabo trabajos de reparación. La oportunidad de intervenir en el diseño de un puente que se desliza hasta el corazón de Manhattan fue algo irresistible.

Propusimos que este puente exhibiera la geometría práctica que constituye el fundamento de la ciencia moderna. La simplicidad excepcional de la línea se dirige directamente al corazón y a la imaginación; las nítidas líneas reguladoras de los puentes llegan al fondo del tejido de la ciudad.

El proyecto del puente Williamsburg responde a una cuestión social: ¿cómo puede agilizar este puente el tráfico y, paralelamente, dar vida al entorno? La integridad del diseño descansa en mejorar la calidad de vida de quienes viven, trabajan y acuden a las zonas vecinas, a los accesos al puente.

*In 1987, the New York City Department of Transportation discovered major corrosion damage to the Williamsburg Bridge, one of the principal links between Manhattan and Brooklyn. Authorities implemented an international competition for the replacement of the bridge but ultimately decided to repair rather than replace the bridge. The opportunity to engage in the design of a major bridge that slices into the heart of Manhattan proved irresistible.*

*For this bridge, we proposed to exhibit the practical geometry that forms the basis of western science. It is the extraordinary simplicity of line that speaks so directly to the heart and imagination, the ruler sharp lines of bridges reaching deep into the city weave.*

*This proposed Williamsburg Bridge responds to the social question: how can this crossway expedite traffic while vitalizing neighborhoods? The integrity of the design rests on improving the quality of life of those who live, work and visit the areas around and below each approach to the bridge.*

Maqueta y esquema de la propuesta.

*Model and scheme of the proposal.*

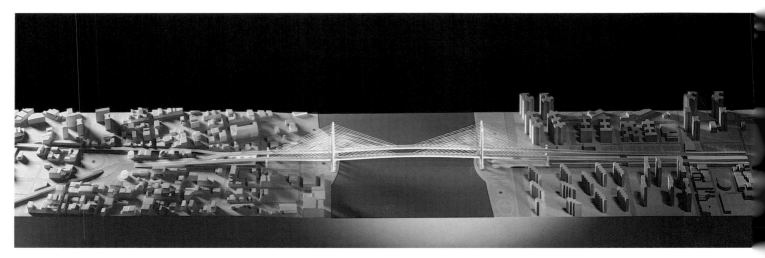

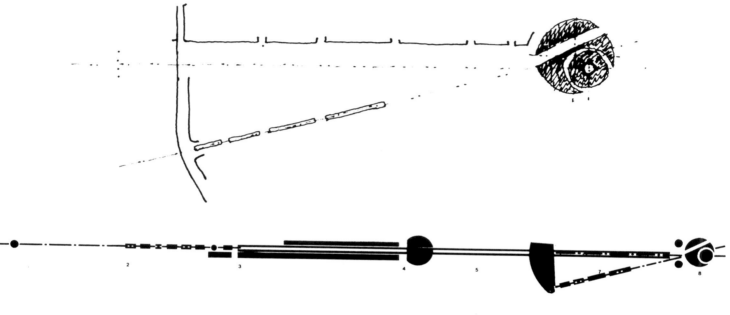

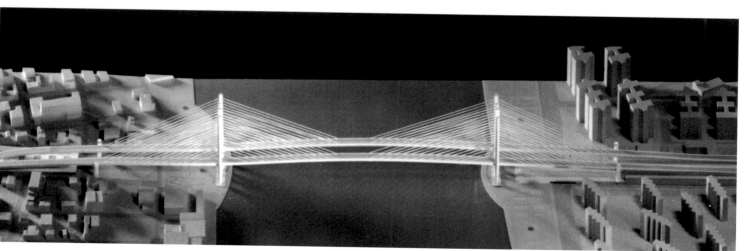

# 1988

## Concurso para el aeropuerto internacional de Kansai
## Osaka, Japón

Los edificios forman una composición tripartita. La Aerocity: una media luna central e inmóvil, los muros de la terminal que festejan el trasiego de pasajeros y la sala hipóstila del vestíbulo que certifica el carácter de la circulación de personas.

Los muros transparentes de la terminal encubren un poco la elegante estructura de hormigón que con sus trazos diagonales es un mudo eco de la escala descomunal que muestra la lejana carretera. Las actividades de la partida de viajeros se desarrollan a través de esos muros y en los espacios que éstos delimitan. La estructura de hormigón, tanto de la terminal como del vestíbulo, tiene el tono azul violeta del mar y se exhibe ante formas que ratifican la intervención del hombre. La modulación de la luz solar, meticulosa, cambiante de intensidad y cualidad, incita a la asimetría natural a marcar un contrapunto con la simetría y el orden humanos, tal como hace también la arquitectura tradicional del Japón.

La estructura de aluminio que cubre el vestíbulo tiene un acabado mate que recuerda por el color de peltre a los tejados de Kyoto. De cada columna irradian ocho hiperboloides que, cual papirofléxicas superficies de celosía, crean un encaje de sombras que tamiza la luz natural. El elevado índice de repetición, la sencillez de la generatriz recta y la ligereza que preside cada cubierta se traducen en operaciones de premontaje que aceleran y economizan la construcción.

## Kansai international airport competition
## Osaka, Japan

*The buildings form a tripartite composition. The crescent of Aerocity, centralized and still; the walls of the terminal celebrating passage; and the hypostyle hall of the concourse affirming movement.*

*The translucent wall of the terminal lightly veils the elegant concrete structure whose diagonals quietly echo the super-scale of the roadway arc beyond. Preparation for departure is a movement through these walls and the spaces between. The concrete structure in both the terminal and the concourse is stained the deep violet blue of the sea and has been cast against forms that give evidence to the work of man's hand. Throughout, the careful modulation of natural light, shifting in both intensity and character, invites nature's asymmetry to counterpoint man's instinct for symmetry and order, as has Japan's traditional architecture.*

*The aluminum roof structure over the concourse is finished in a matt surface recalling the pewter color of Kyoto's nearby roofs. With eight hypars arrayed around each column, the origami-like folds of lattice surface create a complex pattern of shadow gently filtering the natural light. The large degree of repetition, the simplicity of a straight-line generator and overall lightness of each roof unit lends itself to preassembly, adding to the speed and economy of construction.*

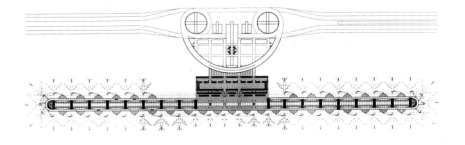

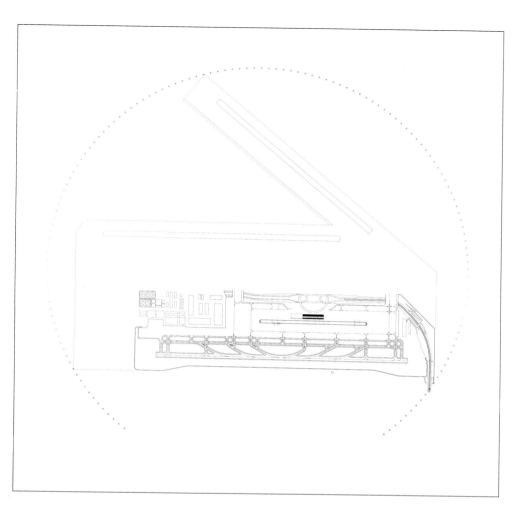

Emplazamiento, planta y perspectiva de la propuesta.

*Site plan, plan and perspective of the proposal.*

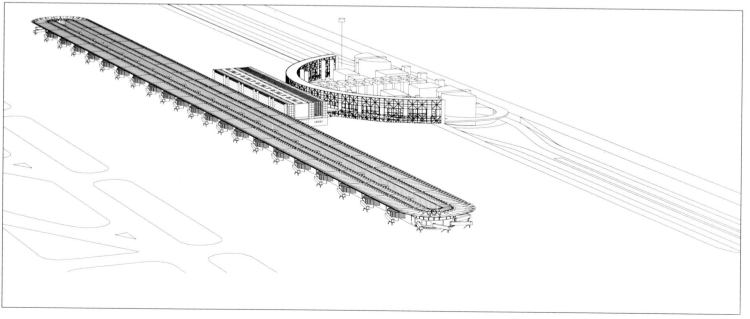

Plantas, alzados, sección y perspectiva.

*Plans, elevations, section and perspective.*

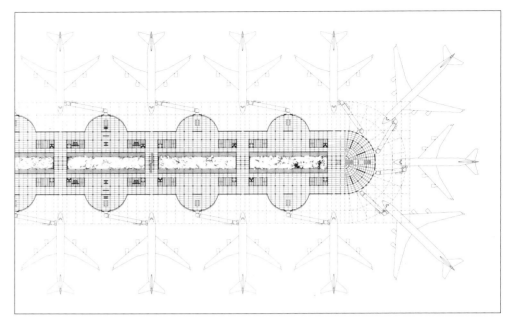

Páginas siguientes: fragmento de la maqueta y diversas vistas del interior de la misma.

*Following pages: fragment of the model and several views of its interior.*

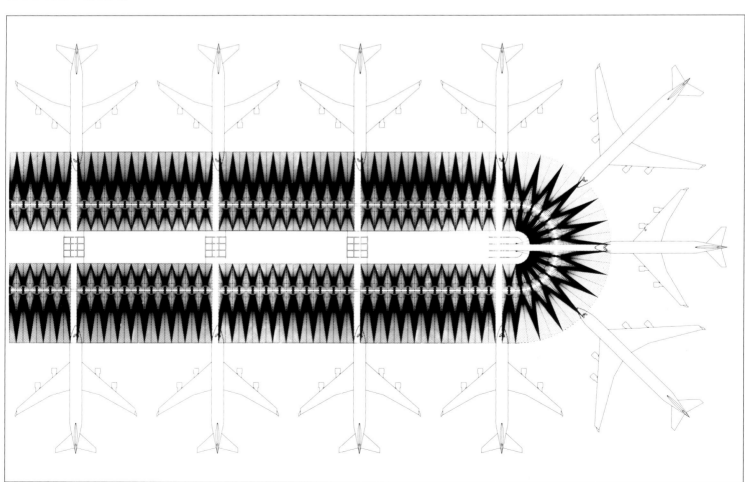

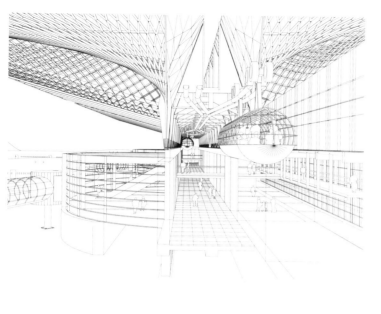

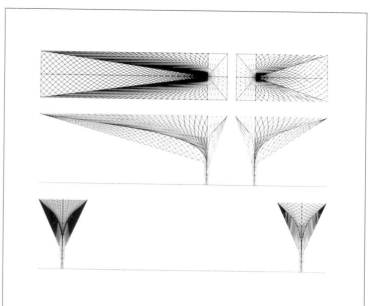

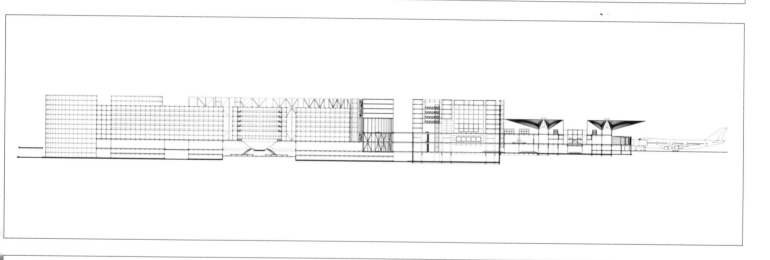

# 1989

**Estudios de torres
Ahmanson Commercial
Development Company,
Los Ángeles, California**

*Tower Studies
Ahmanson Commercial
Development Company,
Los Angeles, CA*

Se trata de dos proyectos en cuya composición intervienen formas geométricas elementales ordenadas con tal acierto, que inducen relaciones espaciales en el ámbito urbano de tenue complejidad. En uno de ellos, el desarrollo morfológico tiene capacidad para disponer tres torres con un espacio público en medio y un gran hotel, asignando a cada agregado un emplazamiento correcto y efectivo y una identidad vigorosa y clara.

Como reacción al descenso de espacios abiertos que se aprecia en nuestras ciudades y contrastando con las plazas inertes y sobredimensionadas que a menudo encontramos en los complejos empresariales, la plaza que configuran las torres, los estanques y los grupos de árboles ofrece un entorno a escala humana con un carácter que conferirá la calidez y vitalidad del celebrado Rockefeller Center. Y en la misma línea que este conjunto que atinó a captar y definir la esencia de un tiempo y un lugar concretos, este proyecto ambiciona cristalizar la singular naturaleza de la ciudad de Los Ángeles.

*Two schemes composed of elemental geometric forms so arrayed as to create urban spatial relationships of subtle complexity. In one, the formal development embodies the potential to accommodate three towers, a major hotel and a major public space between the towers, while achieving an appropriate and effective location and a clear and vigorous identity for each element.*

*In response to the diminishing open space of our cities and in contrast to the sterile oversized plazas often encountered in corporate complexes, this new plaza space formed by the towers, reflecting pools and groves of trees offers a human scale of environment whose nature will carry the warmth and vitality of the successful complex at Rockefeller Center. And not unlike Rockefeller Center, which captured and defined the spirit of the specific time and place, this proposal endeavors to characterize the special nature of Los Angeles.*

Emplazamiento y diversas vistas de la maqueta.

*Site plan and various views of the model.*

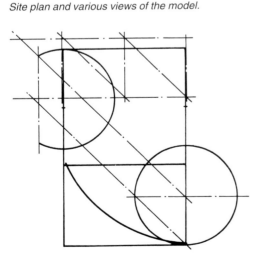

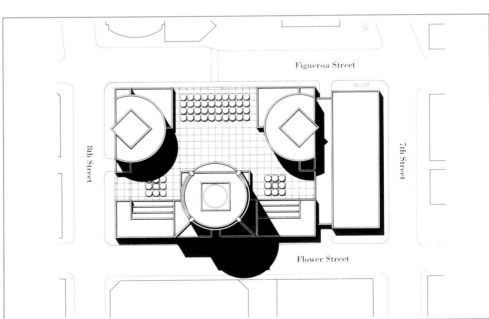

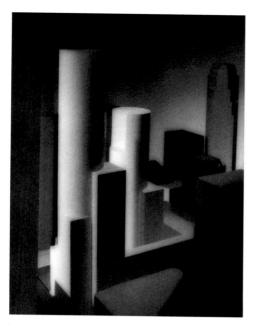

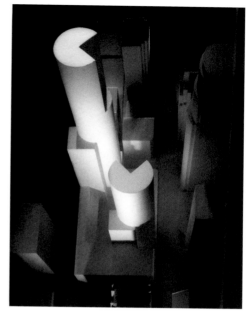

Emplazamiento, planta, perspectiva aérea y maqueta de otra de las propuestas.

*Site plan, plan, aerial perspective and model of one of the other proposed schemes.*

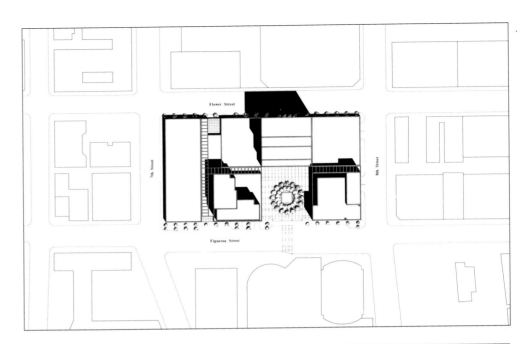

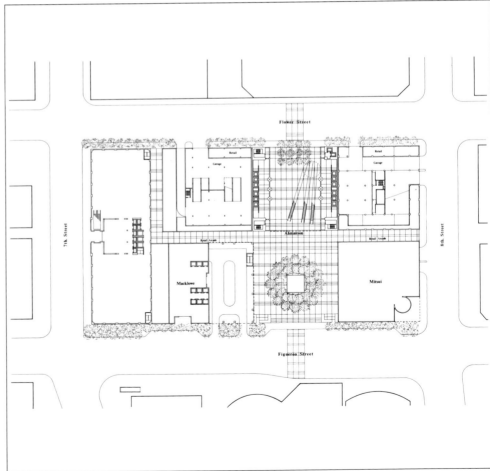

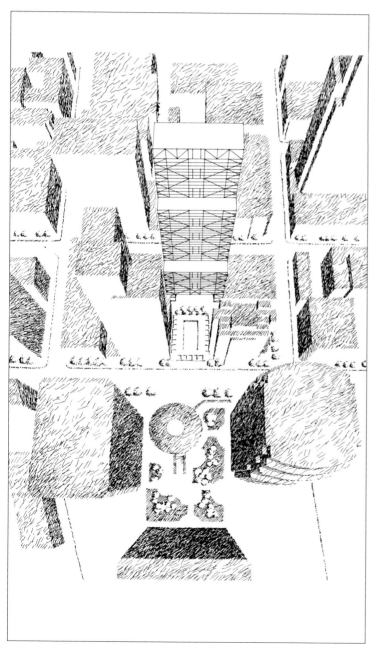

### Hôtel du Departement de la Haute Garonne
### Toulouse, Francia

*Hôtel du Departement, Toulouse, France*

Hoy en día, Toulouse es el centro de la industria aeronáutica y aeroespacial de Francia y, por consiguiente, tiene ante sí un futuro halagüeño. Al diseñar esta sede regional de la administración procuramos idear un lenguaje que hablara con claridad y vehemencia del futuro a través de una arquitectura que fuese moderna y eficiente.

Sobre un terreno más o menos cuadrado a orillas de un canal desarrollamos una circunferencia dentro de un proyecto cuadrado. El espléndido ademán figurativo que produce el audaz arco del patio central evoca los espacios de giro tradicionales y da la bienvenida al público. Sobre un plinto que contiene un aparcamiento subterráneo de dos plantas, el edificio circular define el patio de entrada y acoge en su interior las oficinas de los funcionarios y de los miembros de la Administración. En torno al plinto pivotan dos de los tres edificios previstos en el proyecto, determinando el foco del conjunto, mientras que los pabellones secundarios se extienden hasta las calles vecinas con objeto de ceñir el límite urbano.

El material preponderante en la estructura es el hormigón armado, al que se añade un árido calizo. El árido, junto con las franjas de ladrillo rosa hacen referencia a los elementos que se observan en las edificaciones tradicionales de la localidad.

*Today Toulouse is the center o France's aviation and aerospace industry and therefore faces a vital future In designing this new regiona government center, we sought to devise a language that spoke clearly and vibrantly for the future through ar architecture that was modern and efficient.*

*For the roughly square canal-side site, we developed a circle in a square scheme. The bold arc of the central cour creates a grand figural gesture tha recalls traditional round point spaces and welcomes the public. Resting on a plinth which contains two levels of underground parking, the circular building defines the entrance court and contains the offices of the executive and elected officials. Pinwheeling around the plinth, rectangular bar buildings, one future, two present, maintain the focus of the center while their related pavillions extend to the surrounding streets to hold the urban edge.*

*The principle structural material is reinforced concrete with limestone aggregate. This aggregate, as well as the bandings of pink brick refer to elements found in Toulouse's traditional buildings.*

Esquemas de organización en planta, alzados y emplazamiento.

*Organizational schemes in plan, elevations and site plan.*

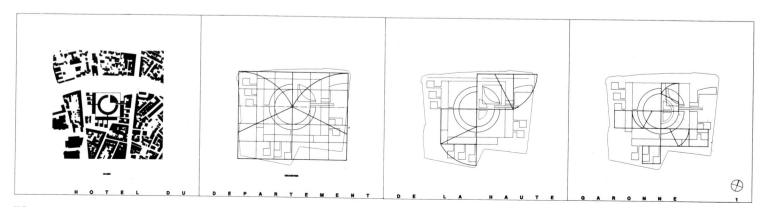

H O T E L   D U   D E P A R T E M E N T   D E   L A   H A U T E   G A R O N N E   1

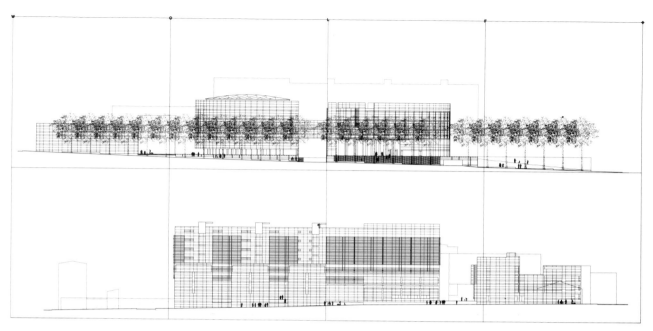

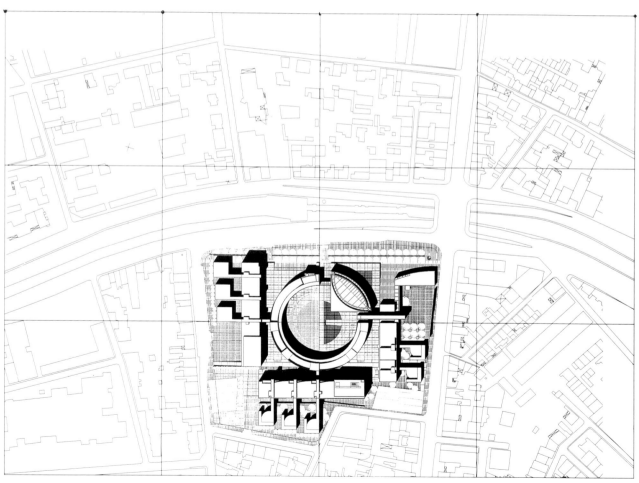

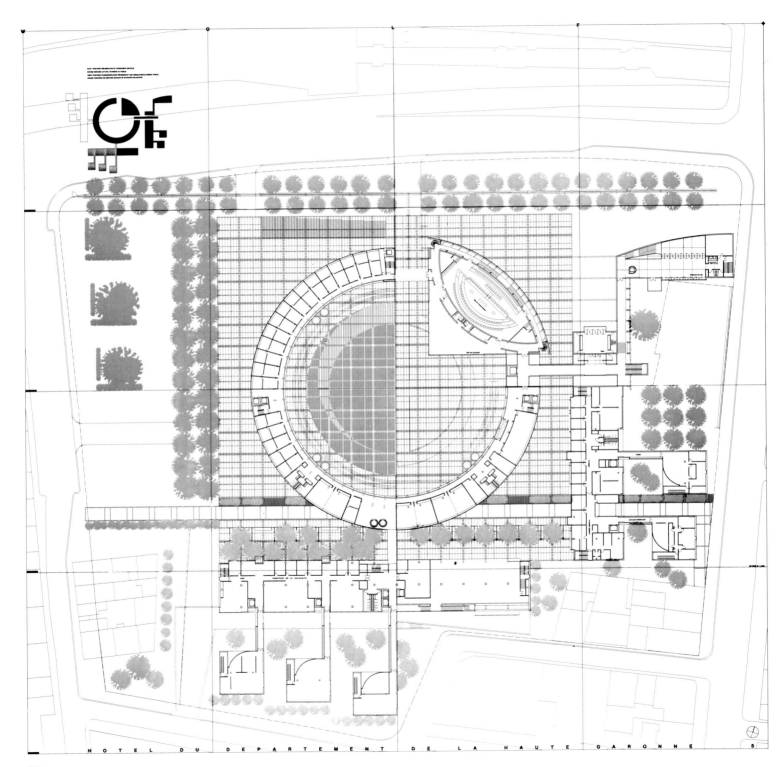

HOTEL DU DEPARTEMENT DE LA HAUTE GARONNE 5

Planta general y vista aérea de la maqueta.

*General plan and aerial view of the model.*

Páginas siguientes: diversas perspectivas y vistas de la maqueta.

*Following pages: various perspectives and views of the model.*

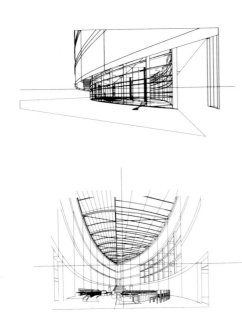

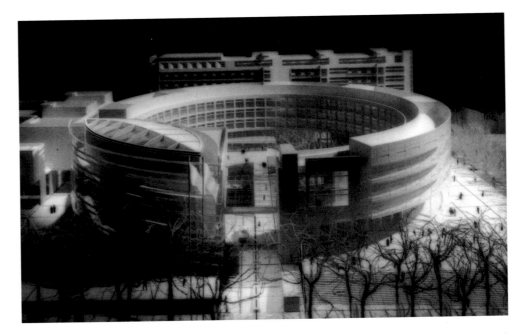

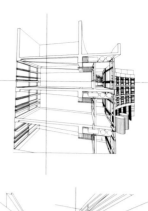

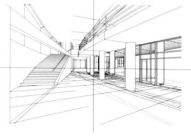

**Torre de oficinas, 747 South Flower Street, Ahmanson Commercial Development Company Los Ángeles, California**

*Office Tower, 747 South Flower Street Tower Ahmanson Commercial Development Company Los Angeles, California*

La torre 747 resultó de tomar lo indispensable de la arquitectura en altura –estructura, ascensor y servicios mecánicos– y crear una organización que lo sintetizara no sólo con expresividad, sino también con afinidad al tejido urbano.

La fachada este es una esbelta superficie de 196,60 m (655') de altura que impone en su discurso con Flower Street una presencia colosal; en cambio, la fachada contraria, con un perfil escalonado, se hace eco del espacio libre que en la manzana vecina define el Centro CitiCorp. Estos pormenores deparan y apuntan una orientación de la forma hacia el Oeste, gesto por otra parte muy propio en una ciudad que siempre ha mirado en dirección a poniente.

La construcción del edificio se basa en una estructura arriostrada excéntricamente, cuya eficiencia obedece a su rigidez. La flexibilidad que precisa, por hallarse en una zona sísmica como Los Ángeles, proviene de la escalera-cremallera o «eslabón fundible» situado en la parte central de las fachadas este y oeste. La principal características de la estructura es el esqueleto resistente a movimientos sísmicos, concebido en función de los principios de la idoneidad del diseño, así como de las enseñanzas extraídas de los edificios en altura proyectados con arreglo a las solicitaciones de la presión eólica. Las cargas se concentran en las esquinas para aumentar al máximo la rigidez al vuelco. De hecho, los apoyos de las esquinas son armaduras en V de 12 m (40') de ancho con alas-pilares distantes 6 m (20') del vértice y riostras en X que se encuentran cada tres plantas a media altura, dejando libres dos tercios de los apoyos. Con esta solución el peso de la estructura de acero es de 110 kg/m² (22 libras/pie cuadrado), es decir, un 20 % menos que en estructuras de altura semejante levantadas en Los Ángeles.

*The 747 Tower is the result of the determination to take the necessaries of high rise architecture –structure, skin, elevator and mechanical systems– and create an organization synthesizing them, not only expressively, but in a way which orients to the urban fabric.*

*The east facade, a sheer plane 655 feet tall, brings a powerful presence to its address on Flower Street, while the opposite side with its distinctive stepped profile makes a strong acknowledgement of the open space in the adjacent block defined by CitiCorp Center. This provides and suggests a formal orientation westward, a gesture appropriate to a city that has always looked naturally toward the sunset.*

*The building structure is an eccentrically braced frame whose efficiency comes from its stiffness, while the suppleness necessary in a seismic zone such as Los Angeles is provided by the ladderlike zipper or "fusible link" in the center of the east and west facades. The principal feature of the structure is the earthquake –resistant framing developed using the principles of capacity design and lessons learned from tall buildings designed for wind. Gravity loads are collected to the coners to maximize overtuning stiffness. The corner columns are in fact 40 foot wide folded trusses, each chord a column set 20 feet from the corner. The corner columns X-bracing meet mid-height of every third floor, leaving two-thirds of the corners column free. The weight of the steel work is 22 lbs./s.f. or 20 % less than structures of comparable height in Los Angeles.*

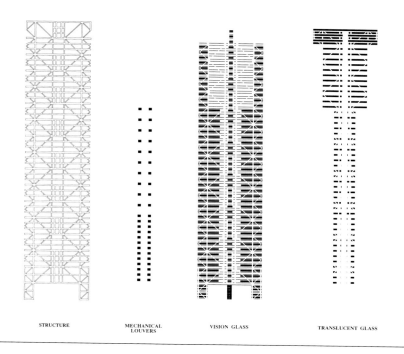

STRUCTURE      MECHANICAL LOUVERS      VISION GLASS      TRANSLUCENT GLASS

Emplazamiento, plantas y diversos estudios de la estructura y transparencia de la fachada.

*Site plan, plans and various studies of the structure and transparency of the facade.*

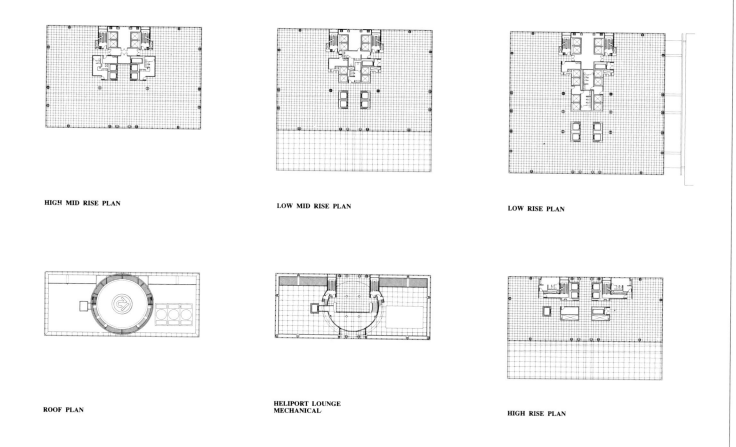

HIGH MID RISE PLAN

LOW MID RISE PLAN

LOW RISE PLAN

ROOF PLAN

HELIPORT LOUNGE MECHANICAL

HIGH RISE PLAN

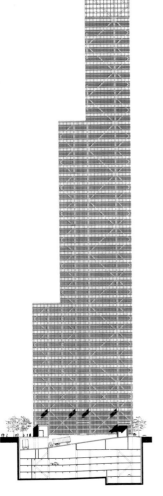

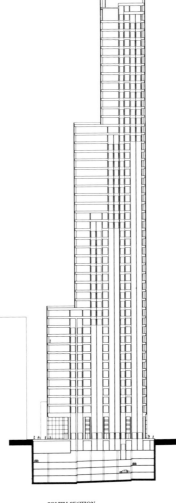

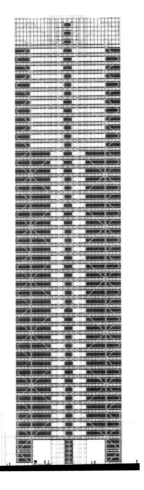

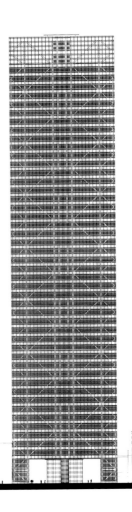

SOUTH ELEVATION

SOUTH SECTION

EAST ELEVATION

WEST ELEVATION

Alzados, secciones y diversas vistas de la propuesta.

*Elevations, sections and various views of the proposed scheme.*

Vistas exterior e interior, alzado y sección del cerramiento, perspectivas del vestíbulo y vista de la propuesta.

*Views of the exterior and interior, elevation and section of the skin, perspectives of the vestibule and view of the proposed scheme.*

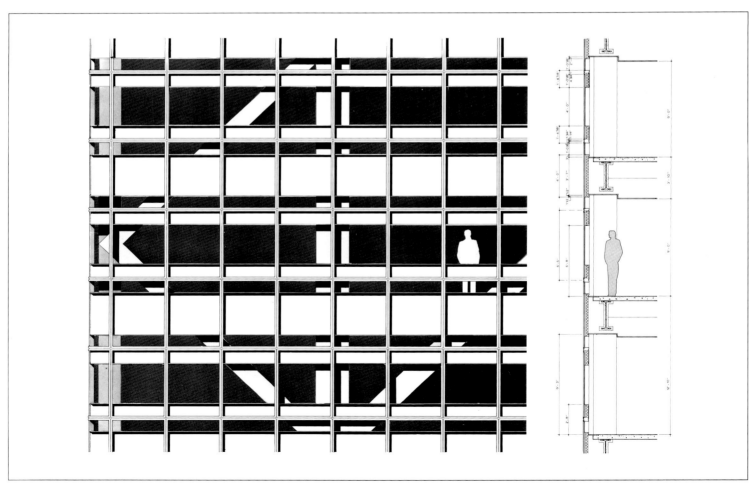

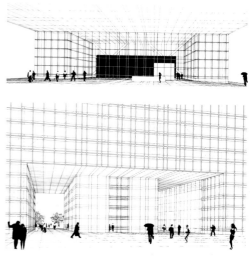

# Biografía

1935   Nacido en Charlotte, Carolina del Norte
1958   Licenciado en Ciencias, en el Georgia Institute of Technology
1960   Licenciado en Arquitectura, en el Massachusetts Institute of Technology

*Práctica profesional*
1966-1984   Wolf Associates, Charlotte, Carolina del Norte
1983-1988   Wolf Associates, 170 Fifth Avenue, Nueva York, Nueva York
1988-1990   Ellerbe Becket, Los Ángeles, California
1990-   Wolf+, Los Ángeles, California

*Otras actividades*
1977   Director, North Carolina Design Foundation
1987   Profesor visitante, Harvard University Graduate Design Studio
1988   Director, Decano del Consejo; UCLA Graduate School of Architecture & Planning
1988   Profesor visitante, Columbia University Graduate Design Studio
Desde 1975 a 1986 ha impartido conferencias y ha enseñado en numerosas universidades de Estados Unidos, entre las cuales figuran Harvard G.S.D. y Columbia University

# Biography

1935   Born in Charlotte, North Carolina
1958   Bachelor of Science, Georgia Institute of Technology
1960   Bachelor of Architecture, Massachussets Institute of Technology

Professional Experience
1966-1984   Wolf Associates, Charlotte, North Carolina
1983-1988   Wolf Associates, 170 Fifth Avenue, New York, New York
1988-1990   Ellerbe Becket, Los Angeles, California
1990   Wolf+, Los Angeles, California.

Others Activities
1977   Director, North Carolina Design Foundation
1987   Visiting Professor, Harvard University Graduate Design Studio
1988   Director, Dean's Council; UCLA Graduate School of Architecture & Planning
From 1975 to 1986 he has lectured and taught in several universities in the United States including Harvard G.S.D. and Columbia University

# Cronología de obras y proyectos

## Cronology of works and projects

a

| | | | |
|---|---|---|---|

1969   Casa Folger
Charlotte, Carolina del Norte

*1969   Folger Residence
Charlotte, NC*

1969-  WBC/NBT
1971  Comedores
William Bros. Companies. National
Bank of Tulsa (a)

*1969-  WBC/NBT
1971  Corporate Dining Facilities, Williams
Bros. Companies, National Bank of
Tulsa (a)*

1970-  NCNB/BF
1971  Sucursal Beatties Ford Road. North
Carolina National Bank. Charlotte,
Carolina del Norte

*1970-  NCNB/BF
1971  North Carolina National Bank. Beatties Ford Road Branch. Charlotte, NC*

b

1970-  TWC/TALLASI
1971  Oficinas en Manhattan. The Williams
Companies. Tallasi Management
Company. Nueva York, Nueva York

*1970-  TWC/TALLASI
1971  Manhattan Offices. The Williams
Companies. Tallasi Management
Company. New York, NY*

1971-  NCNB/PARK ROAD
1972  Sucursal Park Road. North Carolina
National Bank. Charlotte, Carolina
del Norte

*1971-  NCNB/PARK ROAD
1972  North Carolina National Bank. Park
Road Branch. Charlotte, NC*

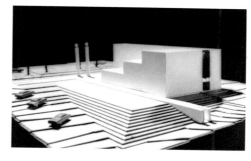

c

1971   IBM Research Triangle
Plan Director de Ordenación Interior.
Instalaciones IBM. Research Trian-
gle Park, Carolina del Norte (b).

*1971   IBM Research Triangle
Interiors Master Plan. IBM Facilities.
Research Triangle Park, NC (b)*

1972   Templo masónico
Charlotte, Carolina del Norte (c)

*1972   Masonic Temple
Charlotte, NC (c)*

1972-  Casa Patterson
1973  Hinesburg, Vermont (d)

*1972-  Patterson Residence
1973  Hinesburg, VT (d)*

d

1973-  NCSU/RICKS
1978  Adición a la Ricsk Hall. North Carolina
State University. Raleigh, Carolina
del Norte

*1973-  NCSU/RICKS
1974  Addition to Ricks Hall. North Carolina
State University. Raleigh, NC*

1973-  NCSU/SODA
1978  Adición a Escuela de Diseño. North
Carolina State University. Raleigh,
Carolina del Norte (e)

*1973-  NCSU/SODA
1978  School of Design Addition. North Carolina State University. Raleigh, NC
(e)*

e

1974-  TWC
1978  Oficinas Centrales. The Williams
Companies. Tulsa, Oklahoma

*1974-  TWC
1978  The Williams Companies. Corporate
Offices. Tulsa, OK*

| | |
|---|---|
| 1975-<br>1979 | UNCC/OCB<br>Edificio de aulas y oficinas de la Administración. University of North Carolina. Charlotte, Carolina del Norte. |

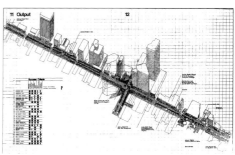

1975-  UNCC/OCB
1979   *University of North Carolina. Charlotte, NC. Office Classroom Building*

1976-  Bok Motor Bank
1977   Autobanco. Bank of Oklahoma. Tulsa, Oklahoma

1976-  *Bok Motor Bank*
1977   *Bank of Oklahoma. Motor Bank. Tulsa, OK*

1976-  MHC/CCGD
1977   Centro de Salud Mental. Centro Catawa de crecimiento y desarrollo. Rock Hill, Carolina del Sur

1976-  *MHC/CCGD*
1977   *Mental Health Center. Catawba Center for Growth and Development. Rock Hill, SC*

1977   ELAS
       Equitable Life Assurance Society, Charlotte, Carolina del Norte (a)

1977   *ELAS*
       *Equitable Life Assurance Society. Charlotte, NC (a)*

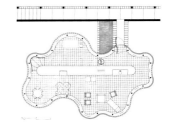

1977-  UNCC/ADMIN
1982   Edificio administrativo. University of North Carolina. Charlotte, Carolina del Norte

1977-  *UNCC/ADMIN*
1982   *Administration Building. University of North Carolina. Charlotte, NC*

1977-  HOJ/MCC
1982   Sala de Justicia. Palacio de Justicia del condado de Mecklenburg. Charlotte, Carolina del Norte

1977-  *HOJ/MCC*
1982   *Hall of Justice. Mecklenburg County Courthouse. Charlotte, NC*

1979   Paseo peatonal
       Tryon Street/Concurso para paseo peatonal. Charlotte, Carolina del Norte (b)

1979   *Transit mall*
       *Tryon Street/Pedestrian Mall Competition. Charlotte, NC (b)*

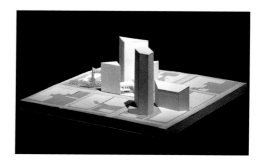

1979   BROWN STUDIO
       Charlotte, Carolina del Norte (c)

1979   *BROWN STUDIO*
       *Charlotte, NC (c)*

1979   Project Alpha
       Estudios de urbanización. Charlotte, Carolina del Norte (d)

1979   *Project Alpha*
       *Development studies. Charlotte, NC (d)*

1979-  WAYS/WROQ
1980   Adiciones a emisora de radiodifusión (e)

1979-  *WAYS/WROQ*
1980   *Additions to Radio Station (e)*

1980   Restaurante 30th edition
       Charlotte, Carolina del Norte

1980   *30th Edition Restaurant*
       *Charlotte, NC*

a

| | | | | |
|---|---|---|---|---|
| 1980 | Apartamentos McMillan<br>Charlotte, Carolina del Norte (a) | | 1980 | McMillan Apartments<br>Charlotte, NC (a) |

b

1980- Apartamentos McMillan
Charlotte, Carolina del Norte (a)

1980-
1981 ABU DHABI
Embajada de EE.UU. Abu Dhabi,
Emiratos Árabes Unidos

1980-
1981 Residencia del embajador
Residencia del embajador de EE.UU.
Doha, Qatar (b)

1980-
1981 DOHA
Embajada de EE.UU. Doha, Qatar

1980-
1981 Vivienda del personal
Embajada de EE.UU. Doha, Qatar (c)

1981-
1982 APLIX
Aplix Manufacturing Company.
Charlotte, Carolina del Norte (d)

1982 Fort Lauderdale
Concurso para plaza cívica. Fort Lauderdale, Florida

1982 IBM/Denver
Servicio automático. IBM Corporation. Denver, Colorado

1983-
1988 NCNB Tampa
Oficinas centrales en Florida. North
Carolina National Bank. Tampa, Florida

1986 MINN
Concurso para la remodelación del
ajardinamiento del Minnesota State
Capitol. St. Paul, Minnesota

1986 Bocetos de vajilla (e)

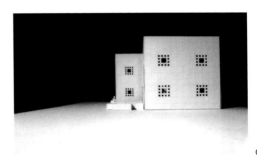
c

1980 McMillan Apartments
Charlotte, NC (a)

1980-
1981 ABU DHABI
American Embassy. Abu Dhabi, UAE

1980-
1981 Amb Res
American Ambassador's Residence.
Doha, QATAR (b)

1980-
1981 DOHA
American Embassy. Doha, QATAR

1980-
1981 Staff Housing
American Embassy. Doha, QATAR
(c)

1981-
1982 APLIX
Aplix Manufacturing Company. Charlotte, NC (d)

1982 Fort Lauderdale
Civic Plaza Competition. Fort Lauderdale, FL

1982 IBM/Denver
Automated Teller Machine Consulta-
tion. IBM Corporation. Denver, CO.

1983-
1988 NCNB Tampa
Florida Headquarters. North Carolina
National Bank. Tampa, FL

d

1986 MINN
Minnesota Capitol Area Grounds
Competition. St. Paul, MN

1986 Glassware Sketches (e)

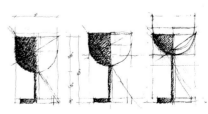

e

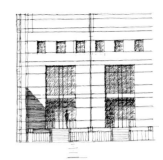

a

| 1986 | Washington Square West<br>Viviendas. Filadelfia, Pennsylvania | 1986 | Washington Square West<br>Housing. Philadelphia, PA (a) |
|---|---|---|---|

b

| 1986 | Silla Licos<br>Silla de cuero y tubo de acero inoxidable (a) | 1986 | Licos Chair<br>Tubular Stainless Steel Leather Chair (b) |

1986-1987 IBM/White Plains
Pabellón de entrada. IBM Corporation. White Plains, Nueva York

1986-1987 IBM/White Plains
Gatehouse. IBM Corporation. White Plains, NY

1987 Concurso para el puente Williamsburg
Ayuntamiento de Nueva York. Nueva York, Nueva York

1987 Williamsburg Bridge Competition
City of New York. New York, NY.

c

1988 KANSAI
Concurso para el aeropuerto internacional de Kansai. Osaka, Japón (b)

1988 KANSAI
Kansai International Airport Competition. Osaka, JAPAN

1989 JMB/Warner
Estudios de urbanización. JMB Urban Development Company. Warner Center, California (c)

1989 JMB/Warner
Development Studies. JMB Urban Development Company. Warner Center, CA (c)

1989 Estudios de torres
Ahmanson Commercial Development Company. Los Ángeles, California

1989 Tower Studies
Ahmanson Commercial Development Company. Los Angeles, CA

1990-1991 747
Torre de oficinas. 747 South Flower Street. Ahmanson Commercial Development Company. Los Ángeles, California.

1990-1991 747
Office Tower. 747 South Flower Street. Ahmanson Commercial Development Company. Los Angeles, CA

1990-1992 Toulouse
Hôtel du Département de la Haute Garonne. Toulouse, Francia.

1990-1992 Toulouse
Hôtel du Département. Toulouse, FRANCE

1991 Puente Beverly Hills
Puente peatonal. Ayuntamiento de Beverly Hills. Beverly Hills, California (d)

1991 Beverly Hills Bridge
Pedestrian Bridge. City of Beverly Hills. Beverly Hills, CA (d)

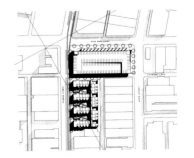

e

1991 PFG
Garaje y viviendas. Ahmanson Commercial Development Company. Pico & Flower Streets. Los Ángeles, California (e)

1991 PFG
Garage and Housing. Ahmanson Commercial Development Company. Pico & Flower Streets. Los Angeles, CA (e)

## Nota biográfica/*Biographical note*

Desde 1970, la obra de Harry Wolf ha sido objeto de una amplia divulgación en revistas especializadas: *Architectural Record, Progressive Architectual, Casabella, A+U, Controspazio y Domus.*

*Since 1970, the work of Harry Wolf has been extensively published in specialized magazines and journals: Architectural Record, Progressive Architectural, Casabella, A+U, Controspazio and Domus.*

## Agradecimientos/*Acknowledgments*

A Kenneth Frampton por su amistad, agudeza e incansable estímulo; a Guy Norderson por su sensibilidad y colaboración poética; a Dan Kiley por su evocación vital y a Ingo Freed, querido amigo y respetado colega; a mis socios y al personal, tan numerosos que se les menciona en páginas sucesivas; a Xavier Güell, por invitarme a hacer este libro y por su paciente celo respecto al mismo; a Gustavo Gili, por el entusiasmo con que apoyó la propuesta de Xavier; a Carol Reese, por la edición coordinada de sus descripciones; a Patricia Takanashi, por su infatigable miramiento para con los aspectos de detalle; a todos mis clientes y, especialmente, a John Williams y Len Eaton, que fueron solidarios conmigo desde el principio; a Hugh McColl, por su prudencia y previsión, y a la Ahmanson Commercial Development Company, junto con Jeffrey Gault, Stan Michota, Jess Sotomayor, Ken Reizes y Bill Loadvine, por su sensibilidad y favor; a Amy, Craig, Charlie, Grayson y Juliet. A todos ellos mi sincera gratitud.

*To Kenneth Frampton for his friendship, his wit and his unflagging encouragement; to Guy Nordenson for his sensitivity and his poetic collaboration; to Dan Kiley for his evocation of life and Ingo Freed, dear friend and respected colleague; to my partners and staff, so numerous they're listed on following pages; to Xavier Guell for his invitation to make this book and his patient shepherding of it; to Gustavo Gili for his enthusiastic support of Xavier's proposal; to Carol Reese for her articulate editing of my descriptions; to Patricia Takanashi for her unflagging attention to detail; to all my clients and in particular to John Williams and Len Eaton, early supporters; to Hugh McColl for his foresight and vision; and Ahmanson Commercial Development Company, with Jeffrey Gault, Stan Michota, Jess Somayor, Ken Reizes and Bill Loadvine for their sensitivity and support; to Amy, to Craig, to Charlie, to Grayson and Juliet. My sincere gratitude to you all.*

## Agradecimientos por la documentación fotográfica/*Photography acknowledgments*

Quisiera dar las gracias a los fotógrafos que consintieron que sus fotografías se reprodujeran. Ellos son Steven Brooke, David Franzen/Esto, Bill McGee, Joe Molitor, Lionel Murphy, Eric Oxendorf, Cervin Robinson, Gordon Schenck, Mark Sluder, Ezra Stoller/Esto, Adrian Velicescu y Tom Walters.

*I would like to thank the photographers who permitted the reproduction of their work: Steven Brooke, David Franzen/Esto, Bill McGee, Joe Molitor, Lionel Murphy, Eric Oxendorf, Cervin Robinson, Gordon Schenck, Mark Sluder, Ezra Stoller/Esto, Adrian Velicescu and Tom Walters.*

## Asociados/*Partners*

Marley Carroll
Randy Croxton
Harold Ogburn
Joddy Peer
Tom Phifer
Paul Poetzsch
Phil Shive

## Colaboradores/*Staff*

Don Abernathy
Bob Anderson
Phil Anderson
Tony Ansaldo
Gail Arndt
Tom Baker
Philippe Barriere
Jorg Bernet
Larry Bisson
Laurent Bonnefoi
Alissa Booker
Brit Billeaud
Lisa Callaghan
Wayne Camus
Marlies Carlton
Michael Carapetian
Cynthia Carlson
Paul Cha
Chaturong Chaisupranond
Nancy Clayton
Christopher Coe
Diane Cothern
Joan Craig
John Daughtridge
Kim Davis
Brian DePriest
Meredith Drakeford
Oreste Drapaca
Steve Dumez
Kathy Dunlap
Ed Easton
Warren Eng
Cindy Epley
Madelaine Fava
Jeff Folinus
Linda Fowler
Ben Freeman
Jon Frishman
John Fryday
Matthew Gammel
Betty Gordon
Tony Gray
Richard Grubbs

Bob Gunn
Bill Hansell
Fred Hansenthal
Heidi Hefferlin
Jerry Hemphill
Roy Holbrook
Jeff Huberman
Carl Hunter
Howell Hunter
Warren Ing
Halbert Jones
Jay Judson
Wes Kavanaugh
Sara Kavanaugh
David Kelly
Paul Kinley
Chris Knight
Kim Lavacot
David Leclerc
Ben Ledbetter
Lee Ledbetter
Hannah Lee
Hugh Lee
Jason Lee
Toni Lewis
Bob Mann
Peter McCrae
Bill McGee
Mike McLeod
Shannon McMackin
Charles McMurray
Adi Mistri
John Meekin
Paul Nakazawa
Al Nelson
Kevin O'Brien
Shelton Peed
David Pierce
Jo Anne Pinkerton
David Plank
Don Porter
Steve Porter
Tom Porter

Rasiko
Donnis Reynolds
Roseanne Robinette
Michael Rominske
Mary Sager
Maria Salgado
Coke Ann Saunders
Jerry Schletzbaum
Julie Scruggs
Suzie Sheffield
Harry Sherrill
Iris Sherril
David Silver
Bill Smith
Janet Sole
Bonnie Stewart
Adams Sutphin
Phil Szostak
Kelly Takanashi
Patricia Takanashi
Lisa Tate
Pam Touschner
Hal Tribble
Ken Turner
Anita Vazeusc
Dave Wagner
Scott Wallace
John Walters
Jay Warren
Ken Welchel
Stephanie Wilbur
Jack Wingate
Allen Wingfield
Linda Witherspoon
Michael Wojtkielewicz
James Wong
Amy Wolf
Jan Wolf
Don Woodruff
Genevieve Yee
Lester Yuen
Hraztan Zeitlian